Les Nouvelles énigmes de Sherlock Holmes

Stewart Ross

Les Nouvelles énigmes de SHERLOCK HOLMES

Mesurez vos capacités de raisonnement à celles du plus grand détective du monde !

Traduit de l'anglais (Royaume-Uni)
par Anne-Sylvie Homassel

hachette

Édition originale publiée au Royaume-Uni, en 2018,
sous le titre *Solve It Like Sherlock*, par
Michael O'Mara Books Limited, 9 Lion Yard,
Tremadoc Road, London SW4 7NQ

Édition française

58, rue Jean Bleuzen – 92178 Vanves CEDEX

Direction Hachette Pratique : Catherine Saunier-Talec
Responsable d'édition : Lisa Grall
Édition : Florine Marguin
Responsable artistique : Nicolas Beaujouan
Mise en pages : Nord Compo
Traduction de l'anglais au français : Anne-Sylvie Homassel
Illustration de couverture : © istockphoto.com

Illustrations pages © Paul Collicutt
Fabrication : Cécile Alexandre-Tabouy
Responsable partenariats : Sophie Morier (smorier@hachette-livre.fr)

Imprimé en Espagne par Unigraf en janvier 2020
Pour l'éditeur, le principe est d'utiliser des papiers composés de fibres naturelles, renouvelables, recyclables et fabriquées à partir de bois issus de forêts qui adoptent un système d'aménagement durable. En outre, l'éditeur attend de ses fournisseurs de papier qu'ils s'inscrivent dans une démarche de certification environnementale reconnue.

Dépôt légal : mars 2020
10-7479-5
ISBN : 978-2-01-945428-9

PAPIER À BASE DE FIBRES CERTIFIÉES

hachette s'engage pour l'environnement en réduisant l'empreinte carbone de ses livres. Celle de cet exemplaire est de :
892 g éq. CO_2
Rendez-vous sur www.hachette-durable.fr

Pour mon frère, Charlie Ross, le commissaire-priseur de la BBC, que je remercie du fond du cœur pour son assistance dans l'affaire des « Chefs d'œuvre disparus ».

Sommaire

Introduction

Nul ne sait combien d'énigmes policières a réellement résolu Sherlock Holmes. Le célèbre détective et le Dr Watson en ont, à eux deux, décrit soixante au cours de cinquante-six nouvelles et quatre romans. Mais le bon docteur n'a-t-il pas fait allusion dans « La Cycliste solitaire » aux « très nombreuses notes » qu'il avait prises sur « les centaines d'enquêtes » traitées par Holmes entre 1894 et 1901 ?

Quelles n'ont donc pas été ma joie et ma surprise lorsque j'ai découvert, un beau jour, sur mon paillasson, une malle qu'y avait laissé un bienfaiteur resté anonyme à ce jour ! Le coffre, de bonnes dimensions, contenait en effet ces fameuses notes, lesquelles portaient sur des dizaines d'affaires restées jusqu'ici dans l'ombre.

Que faire de ce trésor ? J'ai tout d'abord songé à en extraire un volume qui reprendrait le plus fidèlement possible le style des nouvelles et des romans du Canon holmésien. Et puis, j'y ai renoncé. Je n'ai guère de goût pour le pastiche et ma contribution, je le crois, aurait tenu du sacrilège.

J'aurais pu aussi publier ces notes telles quelles, aussi brouillonnes qu'elles puissent être. Le résultat n'aurait contenté que les chercheurs et les holmésiens les plus acharnés. C'est en songeant à ce qui fait le charme éternel de Sherlock Holmes pour ses lecteurs que j'ai trouvé la solution à mon problème : car cette séduction n'émane-t-elle pas des extraordinaires pouvoirs de déduction du grand détective ?

Oui, le succès de Holmes provient (1) de sa faramineuse et rationnelle intelligence et (2) de l'incroyable banque de données que renferme son cerveau – lequel tient du reste du super-ordinateur. D'ailleurs, en étudiant ces nouveaux cas, je ne peux que me ranger à l'avis que Watson émet dans *Une étude en rouge* : l'immense savoir de Holmes est comme une encyclopédie à laquelle il manque des pages ; ses lacunes sont parfois étonnantes.

Nonobstant cette précision, les vingt-cinq affaires que les lecteurs vont découvrir dans les pages qui suivent mettent en valeur la capacité universellement reconnue de Holmes à résoudre des affaires criminelles en usant de ces deux armes que sont la logique et la connaissance. Chaque cas sera présenté en deux parties. Je commencerai toujours par un résumé de l'affaire et des éléments nécessaires à sa résolution. Les notes de Watson, quoique abondantes, ne rentrent que très rarement dans les détails pittoresques – la description de l'appartement de Baker Street, par exemple – qui lui avaient permis d'extraire de ces *affaires criminelles* des *nouvelles policières*. J'ai la plupart du temps résisté à la tentation d'embellir les faits objectifs par des notations purement fictives. Il m'est arrivé de citer les notes de Watson, ce que j'ai fait verbatim, bien sûr. Pour le reste, j'ai conservé un style contemporain, avec les adaptations qui conviennent à l'époque et aux sujets abordés.

Chers lecteurs, vous pourrez donc analyser les éléments présentés pour chaque cas, en utilisant les méthodes de déduction rendues célèbres par Holmes, et résoudre par vous-mêmes le mystère. Lorsque vous pensez détenir la solution, consultez la seconde partie du présent ouvrage. En reprenant les notes de Watson, j'y décris la manière dont Holmes a élucidé toutes ces affaires… sauf une.

Pourrez-vous faire mieux que le grand détective ? Je vous le souhaite. Bonne lecture – et bonne chance !

Stewart Ross

Les affaires

1

Le Mystère du baron Galtür

La renommée de Sherlock Holmes s'étant répandue à la surface du globe, il recevait très régulièrement des lettres de l'étranger. Dans la plupart des cas, elles émanaient de personnes privées sollicitant ses services. Mais la genèse de l'affaire que Watson avait provisoirement baptisée « Le Mystère du baron Galtür » est quelque peu différente. La demande initiale n'émanait pas d'une police autrichienne impuissante à résoudre l'affaire, mais du principal accusé – le baron Galtür – , qui s'entêtait à considérer que ladite police n'avait pas arrêté le vrai criminel.

Ce fut une lettre portant le cachet d'Interlaken et parvenue le 25 février 1887 à Baker Street qui attira l'attention de Holmes sur le cas du baron.

« Intéressant, dit le fameux détective à son biographe en s'emparant de l'enveloppe. Vous remarquerez, cher Watson, que l'enveloppe a été ouverte à la vapeur après avoir été cachetée – voyez l'aspect gondolé du papier. »

Soit la lettre contenait une communication d'ordre politique, soit elle avait été écrite par un détenu, poursuivit Holmes.

Intuition que confirma la missive. Son expéditeur était un noble autrichien du nom de Frederich Hoffbilt, baron Galtür. L'homme se trouvait en détention provisoire dans la maison d'arrêt de Son Altesse impériale, sise à Interlaken, dans l'attente de son jugement pour meurtre. Résumons rapidement les notes prises par Watson à la lecture de la lettre qui, selon ses dires, était rédigée dans un anglais raide, cérémonieux et quelque peu vieilli.

Le baron était accusé d'avoir tué un jeune aristocrate du nom d'Egmont van Wasptakker. Accusation qui reposait sur des preuves accablantes, bien qu'indirectes. Ce qui n'empêchait pas le baron d'affirmer « au plus estimé, au plus honorable de tous les détectives » qu'il était « au nom du Seigneur tout-puissant et de Sa sainte mère Marie, innocent de ce crime odieux ».

La lettre s'achevait sur une supplication adressée au célèbre limier – « dernier espoir » du baron : Holmes pouvait-il entrer en contact avec l'avoué viennois qui représentait l'accusé ? Cet homme, « respectable serviteur de la justice », avait instruction de transmettre à Holmes les détails d'une affaire qui « briserait le cœur [du baron] comme il avait déjà brisé celui de [sa] fille bien-aimée, Elizabeth. »

Une relecture minutieuse de la missive fournit deux premières certitudes à Holmes. Tout d'abord, le baron était presque certainement innocent du meurtre dont il était accusé. Un coupable aurait-il fait appel à un détective réputé pour ses capacités infaillibles à résoudre les énigmes les plus coriaces ? Par ailleurs, Holmes, ne pouvant se rendre en Autriche, se réjouissait par avance de ce défi peu commun – traiter une affaire par correspondance ! Watson jugeant la chose impossible, Holmes prit le risque de gager cinq guinées sur sa réussite. Le pari fut scellé par une poignée de main.

L'avoué de Vienne, dûment sollicité par Holmes, lui fit parvenir un rapport minutieux de quinze pages sur le meurtre et ses circonstances. « Je serai aussi objectif que je le peux », précisait-il. L'honorable correspondant de Londres constaterait ainsi par lui-même le caractère hélas irréfutable des preuves qui pesaient sur son client.

La famille du baron vivait dans le petit village isolé de Galtür depuis le règne de l'empereur Charles V. Elle y possédait d'immenses propriétés que les barons administraient avec un sens de la justice non dénué de paternalisme – telle était du moins leur réputation. L'épouse du baron était morte dix-huit ans plus tôt, peu après la naissance de leur unique enfant, Elizabeth. Frederich Hoffbilt ne s'était pas remarié, reportant son affection sur l'enfant, laquelle était devenue sous l'œil affectueux autant qu'attentif de son père une très belle jeune femme.

Au cours de l'été précédent, deux frères d'une grande famille viennoise, Egmont et George von Wappstakker, avaient loué une loge de chasse appartenant au baron, pour un séjour consacré à la randonnée – Galtür se trouve en pleine montagne. Leur nom de famille ne disait certainement rien à Holmes : en Autriche, cependant, il était des plus réputés. Les Wappstakker étaient lointainement apparentés aux Habsbourg. Les jeunes gens, nés dans la richesse et les privilèges, avaient coutume d'imposer leur loi. Ils étaient, tant par le statut que par l'influence, bien mieux lotis qu'un baron Galtür. L'avocat de ce dernier confessa bien volontiers que ce déséquilibre ne lui simplifiait pas la tâche.

(Watson note qu'à la lecture de cet aveu, Holmes évoqua en grommelant la Magna Carta et l'égalité de tous les hommes devant la loi.)

Quoi qu'il en soit, les frères se trouvèrent, à la fin de leur séjour estival, fort entichés de la charmante Elizabeth Hoffbilt. En conséquence, ils passaient plus de temps à baguenauder sur les terres du baron qu'à arpenter les montagnes environnantes. L'automne venu, la jeune fille, au grand dam de son père, reçut plusieurs lettres de l'un et l'autre Wappstakker. Peu de temps avant Noël, les frères refirent leur apparition à Galtür. Le baron ne souhaitant plus les loger, ils s'installèrent dans l'auberge du village, à quatre cents mètres du château des Hoffbilt. Ils étaient venus, déclaraient-ils, pour s'adonner au ski, dont la vogue à cette époque ne faisait que commencer. Mais comme l'avoué le notait ironiquement, ces messieurs s'intéressaient à un sport bien plus ancien.

Suivait un bref portrait des deux jeunes gens. George, âgé de vingt et un ans, garçon sérieux, se consacrait principalement à l'étude et à ses dévotions. L'avoué n'hésita pas à se faire poète : George était un amant passionné, «poursuivant la belle Elizabeth comme l'eût fait un chevalier du Moyen Âge, jurant d'affronter le plus féroce des dragons pour conquérir l'élue de son cœur.» Ce preux jeune homme aux traits ciselés se rendait régulièrement à la messe ; il espérait devenir professeur d'université ; en dépit de sa ténébreuse beauté, il était pétri d'austérité et relativement dénué d'humour.

De deux ans son cadet, Egmont était tout son inverse. Blond, les yeux bleus, le visage expressif, il était le charme incarné. À Vienne, confessa à mots couverts l'avoué du baron, Egmont fréquentait un groupe de jeunes et riches officiers de l'armée impériale dont les deux centres d'intérêt dans l'existence étaient l'alcool et les femmes. Il se disait par ailleurs que le jeune débauché s'était déjà dérobé à trois promesses solennelles de mariage. Le baron avait toujours démontré la plus grande antipathie pour Egmont. Ce qui, hélas, avait conduit l'insolent jeune homme à redoubler d'assiduité auprès d'Elizabeth.

L'orage éclata au début février 1887. Le médecin des Hoffbilt, faisant fi du secret médical, apprit au baron que sa fille « attendait un heureux événement ». Aussitôt questionnée, Elizabeth avoua que le père de l'enfant à venir n'était autre qu'Egmont, qu'elle aimait et voulait épouser. Les jeunes gens se voyaient pratiquement toutes les nuits en secret depuis le retour d'Egmont à Galtür. Elle lui avait confié une clé qui lui permettait d'entrer dans le château par l'aile des domestiques.

Cette confession plongea le baron dans une rage mêlée de désespoir. Le temps était inhabituellement tiède à cette période de l'année. Sans même enfiler son manteau, Galtür s'en fut dans la neige fondue rendre visite aux deux frères dans leur auberge de montagne. On imaginera sans peine la scène entre le père et l'amant : le baron exigeant qu'Egmont épouse sur le champ sa fille, Egmont dédaigneux répliquant que rien ne prouvait sa responsabilité et osant même incriminer son frère – car George n'était-il pas bien plus épris d'Elizabeth que lui ? Du reste, ajouta Egmont, une telle union exigeait l'accord de ses parents, lesquels n'accepteraient certainement pas de se mésallier avec « cette provinciale de médiocre lignée, aussi belle fût-elle. »

Cette pique enflamma le cœur du baron. Il jura de tuer de ses mains ce «vil chien d'Egmont, sans cœur ni honneur». Menace que George entendit fort bien de sa chambre voisine, de même que Jan Flugger, l'aubergiste. Lorsqu'ils furent interrogés par la police, le lendemain, les deux hommes donnèrent de la scène une description similaire.

Il faisait déjà nuit lorsque le baron sortit furieux de l'auberge. Le froid s'était fait soudain plus vif, transformant en stalactites de glace la neige fondue qui ruisselait des toits. Sous les pieds du baron craquait un épais tapis de neige poudreuse. La neige se remit à tomber peu après le retour du baron au château, et ceci jusque vers minuit. Puis la température chuta brutalement et ne remonta pas au-dessus de zéro dans les cinq jours qui suivirent.

Egmont avait coutume de prendre son petit déjeuner au lit, dans sa chambre et toujours après onze heures. Lorsque Jan Flugger, vers onze heures un quart, frappa à la porte du jeune homme, un plateau de fruits et de pain à la main, nul ne lui répondit. Ce n'était pas chose inhabituelle. L'aubergiste posa son plateau, poussa la porte, qui n'était pas fermée à clef, et passa la tête par l'embrasure. Détail qui sortait de l'ordinaire, il faisait très froid dans la chambre d'Egmont. La fenêtre était grande ouverte. Le feu de cheminée s'était éteint quelques heures plus tôt – rien d'étonnant à cela – mais les cendres étaient également froides. Flugger toussota poliment et s'avança vers le lit. Egmont, couché sur le dos, les bras écartés sur les couvertures, semblait endormi. Et ce ne fut pas avant d'avoir tiré les tentures de la chambre que Flugger remarqua le sang. Egmont van Wasptakker était mort. On lui avait tranché d'un seul coup la carotide.

Il n'y avait qu'un policier à Galtür, individu rondouillard et d'un certain âge qui n'avait jamais eu à traiter un meurtre en bonne et due forme. Il eut cependant l'excellent réflexe d'écarter tous les curieux du château et de l'auberge, car il avait remarqué dans la neige fraîche diverses empreintes de pas qui semblaient témoigner de quatre trajets entre ces deux destinations. Cela pouvait être d'une certaine utilité pour les policiers d'Interlaken, dont il avait requis la venue. Il ne se trompait pas. Ces inspecteurs firent une autre découverte capitale dans la salle de cérémonie du château des Hoffbilt.

Mais revenons aux empreintes. Les unes provenaient clairement du défunt Egmont, ce que les policiers vérifièrent en comparant ses chaussures aux traces que le gel avait immortalisées. À les en croire, Egmont avait, peu après minuit, quitté l'auberge et marché jusqu'à l'entrée du château réservée aux domestiques puis il était rentré à l'auberge. La seconde série d'empreintes correspondait à une des paires de bottes du baron. Elle montrait qu'il avait, dans la nuit, effectué un aller-retour entre la grande porte du château et l'auberge.

La police d'Interlaken en déduisit qu'Egmont était allé voir Elizabeth après la tempête de neige et qu'il était rentré à l'auberge. Le baron, malade de rage à l'idée que ce jeune insolent puisse poursuivre sa relation avec sa fille, l'avait suivi jusqu'à l'auberge et l'avait tué, avant de rentrer au château. Quid de l'arme du crime ? Un examen poussé des panoplies exhibées dans la salle de cérémonie du château montra qu'une des baïonnettes avait été récemment et soigneusement débarrassée de la poussière qui ternissait toutes les autres.

Un seul élément semblait contredire les conclusions de la police impériale : la malheureuse Elizabeth, folle de chagrin, avait juré sur ce qu'elle avait de plus cher qu'Egmont ne lui avait pas rendu visite cette nuit-là. Ce à quoi les inspecteurs avaient objecté que soit la jeune fille mentait, soit le baron avait attendu Egmont à la porte des domestiques et l'avait renvoyé à l'auberge avant qu'il puisse rejoindre sa bien-aimée.

– Aussi étrange que cela puisse paraître, fit Holmes après avoir lu trois fois le rapport de l'avoué, je crois que cette infortunée jeune femme dit vrai.

Quelque temps plus tard, il rédigea une longue réponse à l'avoué du baron Galtür dans laquelle il décrivait ce qui, selon lui, s'était passé la nuit où Egmont avait perdu la vie. Quatre semaines plus tard, il reçut une nouvelle lettre de la main du baron. Hoffbilt l'y remerciait « du fond du cœur », car, sur les précieuses indications de Holmes, l'avoué avait pu convaincre la justice de l'innocence de son client et obtenir l'arrestation du vrai coupable.

Mais qu'avait donc pu dire Holmes à son correspondant viennois ?

2

L'AVENTURE DE L'*ADELAIDE STAR*

L'une des énigmes les plus remarquables dont les notes du Dr Watson aient conservé la trace commence par un triste événement – le décès en mer à l'âge de cinquante-trois ans d'un célèbre industriel australien, Edward Thriepland. Alors qu'il se rendait en Angleterre à bord de l'*Adelaide Star*, M. Thriepland avait succombé à une crise cardiaque quatre jours après l'escale du Cap. Conformément aux souhaits de Mme Thriepland, sa veuve, qui voyageait en sa compagnie, la dépouille du malheureux avait été confiée à l'océan.

Les choses auraient pu en rester là. Mais le décès de M. Thriepland n'était pas si banal qu'il y paraissait.

Une heure après que le dernier passager eut quitté l'*Adelaide Star* à Southampton, une Australienne d'un certain âge monta à bord du paquebot et demanda à s'entretenir avec le capitaine Penprase.

« Où est mon mari ? demanda la dame d'un ton peu amène.

– Votre mari ? répéta le capitaine, perplexe. »

Et lorsque la dame, en guise de réponse, eut éclaté en sanglots, la rage se mêlant à la douleur, il finit par comprendre qu'il avait sous les yeux la véritable Mme Thriepland. La passagère bien plus jeune qui avait accompagné l'industriel à bord de l'*Adelaide Star* était une imposteuse. Du reste, elle s'était volatilisée dès l'arrivée du navire sans laisser d'adresse.

La veuve bafouée se rendit au commissariat le plus proche. Les agents, tout en compatissant à son malheur, lui expliquèrent que l'adultère, quoique moralement répréhensible, n'était pas contraire à la loi. D'ailleurs la prétendue Mme Thriepland n'avait pas emporté les bagages du défunt, qui devaient avoir réintégré la résidence londonienne de leur propriétaire. Ils promirent cependant de ne pas oublier la « veuve » de l'*Adelaide Star*, qui voyageait certainement avec de faux papiers.

À bien y réfléchir, Mme Thriepland n'était pas surprise outre mesure par ces péripéties. Les Thriepland s'étaient installés en Angleterre quinze ans plus tôt ; monsieur s'absentait fréquemment pour affaires et était même, à deux reprises, rentré en Australie sans madame. Sans doute avait-il recherché la compagnie d'autres femmes. Mais tant qu'il subvenait au train de vie dispendieux de Mme Thriepland à Londres et qu'il évitait les scandales, que pouvait-elle lui reprocher ?

Cinq mois plus tard, Mme Thriepland reçut une lettre de Melbourne. M. Aldous Grang, l'expéditeur, était le directeur de Colonial Gems, l'une des entreprises australiennes de son défunt mari. M. Grang lui présentait ses condoléances – et Mme Thriepland aurait-elle la bonté de lui apprendre ce qu'il était advenu des diamants que M. Thriepland avait emportés à Londres ? Ces pierres, estimées à cent mille livres, avaient sans doute été restituées à Mme Thriepland avec les effets de son mari, mais M. Grang, naturellement, préférait s'en assurer auprès de l'intéressée.

Mme Thriepland se rendit immédiatement au 221B Baker Street. Une « forte femme », note Watson, un « dragon », « crachant le feu » sur ce « dingo du diable » qui avait séduit son époux et s'était déguisée en fidèle épouse pour lui voler ses diamants.

Holmes écouta la diatribe sans autre commentaire. Mme Thriepland avait-elle en sa possession quelque preuve matérielle qui puisse faciliter l'enquête ? s'enquit-il. Mme Thriepland produisit un télégramme que feu M. Thriepland avait envoyé à la « pie voleuse » le jour de leur départ de Melbourne. Cette relique avait été découverte par une femme de ménage sous le lit qu'occupaient les « Thriepland » dans leur luxueuse cabine et renvoyée par la compagnie maritime, comme il se devait, à la véritable Mme Thriepland.

« Oh, M. Holmes, vous allez comprendre l'emprise que cette femme avait sur Edward ! Elle avait même réussi à l'affubler d'un ridicule surnom, Teddy ! A-t-on idée ! Une telle sentimentalité, c'est écœurant. »

Voici le télégramme en question :

MA CHÈRE PETITE COQUINE STOP OH QUELLE AVENTURE STOP ÊTRE À BORD AVEC TOI STOP À BORD ET À JAMAIS STOP LE LANGAGE DE TES YEUX QUI BRILLENT STOP NOTRE FUTUR RESPLENDIT STOP JOUE LES FEMMES AIMANTES STOP POUR LE RESTE LAISSE-MOI FAIRE STOP TON TEDDY QUI T'ADORE.

Holmes le lut avec soin. Il prit quelques notes, s'assura que Mme Thriepland était, en cas de succès, disposée à payer de confortables émoluments et lui annonça qu'il était prêt à faire de son mieux pour qu'elle récupère son bien. Ce qui, précisa-t-il, pouvait prendre un certain temps.

Le Dr Watson répartit ses notes en cinq chapitres. Le premier était sobrement intitulé HATTON GARDEN. Holmes, y était-il mentionné, s'était renseigné auprès d'une de ses connaissances qui travaillait dans le quartier des joailliers, à Londres : y avait-il eu ces derniers mois des activités douteuses dans le commerce des diamants ? Il avait appris qu'un « individu s'exprimant avec un accent des colonies » s'était, durant ce laps de temps, enquis des conditions de vente de pierres non montées.

Sous le titre ORIENTAL & COLONIAL – tel était le nom de la compagnie à laquelle appartenait l'*Adelaide Star* – était décrite la visite de Holmes aux bureaux de l'armateur, sis Great Portland Street. Le célèbre détective y avait obtenu les coordonnées de deux personnes qui lui seraient certainement utiles, le capitaine Jago Penprase et le Dr Hogwin E. Palfrey. Le commandant de l'*Adelaide Star* – trente ans d'ancienneté au service de l'Oriental & Colonial ! – était en permission dans sa Cornouaille natale. Quant à Palfrey, il avait, en qualité de médecin de bord, assisté aux derniers moments de M. Thriepland. Ce n'était pas un employé à plein temps de la compagnie : il avait remplacé le médecin de l'*Adelaide Star* au pied levé, ce praticien étant tombé inopinément malade à Melbourne.

Sous le titre CAPITAINE PENPRASE, Watson rapportait le voyage de Holmes en Cornouaille. Le détective avait rencontré le loup de mer dans sa maison de Newlyn, au-dessus du port. Le capitaine, qui n'avait toujours pas pardonné à la compagnie le fait d'avoir accepté à bord une passagère dont les papiers étaient faux, se montra particulièrement désireux de venir en aide à Holmes. Oui, il se souvenait fort bien du télégramme qui avait été envoyé à « Mme Thriepland ». Il se rappelait également que, le soir où M. Thriepland tomba malade, les deux Australiens auraient dû dîner à la table du capitaine. La dame avait envoyé un message vers sept heures : son mari étant souffrant, elle se voyait dans l'obligation de renoncer à cette agréable perspective. Elle avait fait mander le médecin de bord vers dix

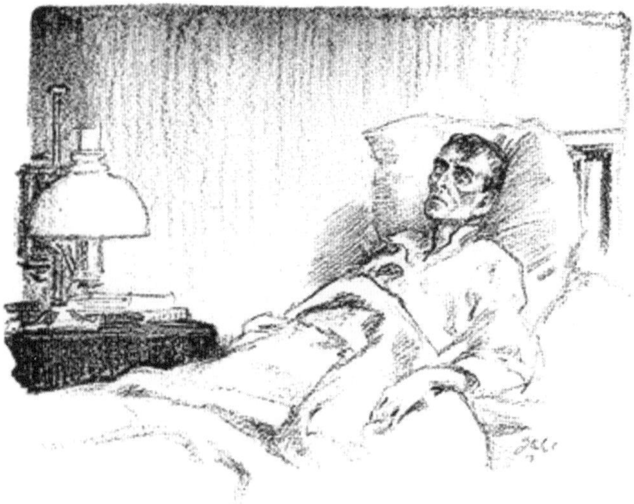

heures du soir. M. Thriepland poussa son dernier soupir un peu après minuit. Le capitaine en fut immédiatement informé. En entrant dans la cabine des Thriepland, il trouva la malheureuse femme assise dans un fauteuil et sanglotant sans bruit. L'hôtesse de bord lui avait apporté un cordial et faisait de son mieux pour la réconforter.

Le Dr Palfrey se trouvait également dans la cabine. Il expliqua au capitaine qu'il s'était rendu au chevet du malade à 10 h 05. M. Thriepland souffrait de terribles douleurs abdominales. Pour les calmer, le Dr Palfrey avait prescrit une injection de morphine, avant de retourner dans ses quartiers. Il était passé voir son patient peu avant minuit : le malheureux, exsangue, vomissait en abondance. Palfrey diagnostiqua une attaque cardiaque qu'il fut impuissant à combattre. Le patient expira sous ses yeux.

Le règlement de bord stipulait que le commandant, maître à bord, devait confirmer les dires du médecin. Penprase examina donc le corps, « d'une pâleur mortelle », ne trouva pas de pouls – le poignet était « froid, sans vie, la peau sèche ». Les lèvres du mort portaient quelques traces de vomissures.

Le capitaine avait été frappé par l'insistance de « Mme Thriepland » à donner à son mari une sépulture marine. « Il l'aurait souhaité, j'en suis certaine », expliquait-elle. Cette prompte cérémonie l'aiderait en outre à mieux supporter son deuil. La poitrine secouée de pleurs amers, elle avait ajouté qu'elle ne pouvait supporter l'idée que son mari reste à bord, « à pourrir dans je ne sais quel fond de cale ».

Cette mort avait considérablement ébranlé le Dr Palfrey, confia ce dernier au capitaine quelques jours plus tard. Décidément, il n'était pas de taille à affronter la charge que représentaient les devoirs d'un médecin de bord. Il avait donc décidé de quitter O&C dès son arrivée à Londres. Il comptait s'installer comme médecin de famille sur la terre ferme. Penprase n'en fut pas surpris : ce Palfrey était « froid comme un serpent » et bien peu adapté à la joviale société d'un paquebot transcontinental.

Dernière précision issue de l'entretien avec le capitaine : lorsque l'*Adelaide Star* avait posé l'ancre à Southampton, la fausse Mme Thriepland avait refusé l'aide des porteurs et s'était rendue seule à terre, portant elle-même son petit sac de voyage. Elle n'avait pas laissé d'adresse.

NANCY DENNE, quatrième chapitre des notes de Watson, était le nom de l'hôtesse qui supervisait la suite des Thriepland. La mort de l'industriel l'avait elle aussi bouleversée, bien qu'elle n'ait pas conservé un agréable souvenir de l'homme, « guère aimable ». À la fin de la traversée, elle avait, elle aussi, quitté O&C pour épouser son fiancé de longue date, Herbert Denne, en compagnie duquel elle avait ouvert un petit bureau de tabac à Portsmouth.

Le témoignage de Mme Denne correspondait pour l'essentiel à celui du capitaine. Elle avait trouvé « agréable, bien qu'assez nerveuse » la jolie dame rousse qui voyageait sous le nom de Mme Thriepland. Le docteur Palfrey était « sérieux, compétent » et, ajoutait-elle, « bien agréable à regarder ».

Lorsqu'elle était revenue vers dix heures du soir dans la cabine, elle avait trouvé M. Thriepland alité. Sa «femme», assise à son chevet, du côté droit, lui tenait la main. Il avait gémi et tendu sa main libre vers Nancy, «comme s'il voulait me faire venir à lui», se souvenait-elle.

«'Mon mari ne sait plus ce qu'il dit', m'a expliqué la maîtresse de Thriepland – on peut bien appeler les choses par leur nom, maintenant».

La fausse épouse avait prié Nancy d'aller chercher le Dr Palfrey. La jeune femme trouva le médecin dans sa cabine, qui mangeait des macarons aux amandes («Je me souviens très bien de leur odeur!»). Elle l'enjoignit de se rendre au plus vite au chevet de M. Thriepland. Palfrey s'empara de sa sacoche, qu'il avait posée sur une table, près de la porte, et suivit Nancy dans l'escalier qui conduisait aux premières classes.

La cinquième section des notes était intitulé Dr PALFREY. Holmes retrouva la trace du praticien grâce au registre de l'ordre. Lorsqu'il se rendit dans le petit village du Yorkshire dans lequel Palfrey exerçait désormais, ce fut pour trouver une maisonnée en deuil. Mme Palfrey, jolie jeune femme rousse, était morte deux jours plus tôt d'une maladie dont elle souffrait depuis quelque temps. Les funérailles devaient avoir lieu le lendemain.

Holmes se rendit au commissariat le plus proche et retourna au village en compagnie d'un inspecteur. Les deux hommes se présentèrent chez Herbert Braithwaite & Sons, entrepreneurs en pompes funèbres. Dans l'après-midi, après quelques investigations, la police procéda à une arrestation.

Dix jours plus tard, les autorités remettaient les diamants volés à Mme Thriepland, laquelle envoya un généreux chèque à Sherlock Holmes.

Comment l'avait-il donc mérité ?

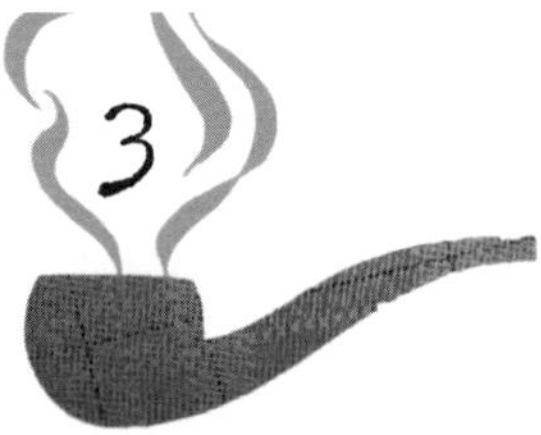

Le Mystère du shakespearien poignardé

Certains des titres dont Watson affuble ses enquêtes sonnent magnifiquement. À tel point que nous trouvons parfois les notes qui s'y rapportent quelque peu décevantes. Ces affaires ne font que très rarement l'objet d'une nouvelle dans les écrits littéraires de Watson.

Ce n'est pas le cas du « Mystère du shakespearien poignardé ». Si le docteur ne l'a pas utilisé pour ses recueils policiers, c'est sans doute qu'il manquait de précisions sur les personnages et les décors de cette affaire. Mais nous, qui nous soucions davantage de déduction que d'études de caractères et de jolies phrases, avons pu reconstituer, à partir des notes du docteur, une petite enquête fort bien ficelée. L'affaire démontre aussi, comme nous l'expliquons dans « Une question de lacunes », que Holmes était certainement plus cultivé que Watson ne le suggère dans *Une étude en rouge*.

Les faits sont simples.

Le professeur Algernon Thomas, lequel était de l'avis de ses contemporains le plus grand spécialiste de Shakespeare de son temps, perdit cruellement la vie dans son appartement de Gloucester College, à Oxford. Il succomba à une blessure infligée par un instrument pointu qui, habilement manié, lui avait percé l'œil gauche puis le cerveau.

Le cadavre fut découvert à 10 heures 30 du matin par un étudiant venu suivre un cours particulier sur l'adaptation des chroniques de Holinshed par le barde de Stratford. Le jeune homme avait trouvé entrouverte la porte à laquelle menait l'escalier de pierre. Il avait poliment frappé et, ne recevant aucune réponse – ce qu'il avait attribué à la surdité du vieil érudit – avait passé la tête par l'embrasure de la porte. Le corps du professeur gisait dos au sol, les bras contre le torse. Il était resté au moins douze heures dans cette position, estima le médecin venu l'examiner.

Les trois taches de sang qui souillaient le plastron du défunt semblaient indiquer qu'après avoir extrait son arme de l'orbite crevé, l'assassin avait voulu nettoyer sa lame de cette barbare manière. Autres indices potentiellement intéressants, deux bouteilles de porto, dont l'une était entièrement vide et l'autre à demi pleine, deux verres en cristal au fond desquels se trouvait un léger dépôt de lie et un exemplaire de la deuxième partie du *Henry VI* de Shakespeare. Le volume était grand ouvert et certaines de ses pages étaient déchirées.

Nous ne savons pas par quel truchement Holmes eut vent de l'affaire. Sans doute un jeune inspecteur de la police de l'Oxfordshire, troublé par l'atmosphère pesante de Gloucester College et ses armées de professeurs arrogants et susceptibles, avait-il prié le célèbre détective de lui prêter assistance. Holmes, toujours prêt à croiser le fer avec les prétentieux et les privilégiés, y avait consenti. Toujours est-il qu'il arriva le lendemain du crime à Oxford à 10h53 et que lorsqu'il en repartit, à 18h47, il avait résolu l'affaire.

Holmes avait rapidement réduit à deux noms la liste des suspects. Le premier était celui d'Hélène La Chaise – que le directeur de Gloucester College aurait voulu voir «traînée en charrette à l'échafaud». La Chaise était une Française de vingt et un ans au caractère explosif que ses riches parents

avaient envoyée à Oxford dix-huit mois plus tôt, afin qu'elle améliore son anglais et oublie le célèbre politicien parisien dont elle s'était entichée. On la vit bientôt, plus ou moins déguisée en garçon, gravir d'un pas gracieux l'escalier qui menait aux appartements du Pr Thomas. Six mois après son arrivée à Oxford, l'élégante *Française** aux lèvres fardées décrocha le titre officieux de maîtresse du professeur.

Relation orageuse, surtout lorsqu'Hélène réclamait à son amant bien plus âgé quelque argent en preuve de son affection. La situation se compliqua encore un peu plus lorsque la jeune femme, au cours de l'un de ses nombreux voyages à Londres, se fiança secrètement à John Rutwell, le fils puîné du richissime évêque de Durham. Si elle avait su garder son rigide fiancé dans l'ignorance de ses lucratives frasques oxoniennes, l'inverse n'était pas exact, car les collègues ecclésiastiques du professeur l'avaient informé, à mots couverts et non sans tact, du double jeu de son amante.

Le soir du meurtre, vers 18 h 30, le portier du College avait vu Hélène, revêtue d'un accoutrement masculin aussi peu convaincant que de coutume, monter chez le professeur. Nul ne l'avait vue repartir. Elle s'était de son propre aveu disputée avec Thomas, à ses yeux «*paysan** avaricieux bien plus que vrai *professeur**», avant de rentrer dans son appartement près des Parks – elle comptait se rendre à Londres le lendemain. La police découvrit dans le tiroir d'une des commodes de sa chambre une paire d'aiguilles à tricoter en acier. La jeune femme déclara qu'elles devaient appartenir à la locataire précédente, car elle-même « n'avait rien d'une tricoteuse ».

Le meurtre avait eu lieu en plein mois de juillet, époque à laquelle la plupart des étudiants étaient en vacances. Un étudiant en thèse avait cependant, de retour vers 22 h 30 d'une agréable soirée avec des condisciples de Hertford College, entendu des éclats de voix émanant de l'appartement du Pr Thomas, ce qui, sur le moment, ne l'avait pas frappé. Il se souvint ultérieurement d'avoir entendu la voix du professeur prononcer le mot « Hélène », mais aussi celui de « dette », isolément ou comme composant d'un mot plus long, et celui de « taquin ». Pressé de questions par les inspecteurs, il reconnut cependant que ce « taquin » pouvait également être un « faquin ».

Ces quelques syllabes, note Watson, ne constituaient pas « d'éléments bien solides » mais elles fournirent à son génial ami « des indices importants, quoique fort ambigus »

Le second nom sur la liste des suspects était celui de Tippington Wynberg III. Cet Américain, professeur à Yale, était, comme Thomas, spécialiste de Shakespeare. Mais contrairement à son collègue anglais, il était convaincu que le cygne de Stratford n'avait pas écrit une ligne des œuvres qui lui étaient attribuées. Le véritable auteur des plus grandes œuvres du théâtre anglais était Christopher Marlowe.

L'arrivée du Pr Wynberg à Gloucester College avait été précédée par trois volumineuses malles bourrées à craquer d'archives et de bibelots moins académiques. À savoir, deux

bustes de Marlowe, quelques manuscrits, cent cinq volumes reliés plein veau, une plume d'or que Wynberg conservait en permanence sur lui pour composer, « quand la muse lui rendait visite », des sonnets néo-élisabéthains, un portrait en pied de sa défunte femme et une gravure représentant la cathédrale de Canterbury telle que vue de King's School, la faculté de Marlowe.

Wynberg avait donné le 13 mai une conférence consacrée à « Marlowe, seul et unique auteur du corpus shakespearien ». L'honorable audience lui réserva un accueil glacial. L'Américain, disait-on, avait un penchant pour la bouteille et la rumeur courut qu'il avait cédé à ce vice peu secret bien avant de prendre la parole. Le Pr Thomas, son plus féroce critique, annonça qu'il publierait dans les meilleurs délais un article apportant «les preuves éclatantes de l'absurdité et de la sottise des thèses de Wynberg.»

Les rapports des deux hommes se limitèrent dès lors à des échanges qui n'avaient plus rien de courtois. À quatre reprises, le professeur américain se campa sous les fenêtres de son homologue anglais pour l'enjoindre à «venir se battre». La réponse de Thomas ne varia jamais : il ouvrait la fenêtre, déversait des eaux usées et des paroles plus nauséabondes encore sur la tête de son ennemi.

Le soir du meurtre, Wynberg, selon ses propres dires, était resté dans ses appartements jusqu'à onze heures du soir puis il était sorti prendre l'air sur la pelouse. Personne ne l'avait vu à proximité de l'escalier qui conduisait chez Thomas. En revanche, le portier l'avait croisé sur cette même pelouse vers 23 h 15. Le comportement de l'Américain lui avait semblé «très insolite». Les mains jointes dans le dos, Wynberg, le regard rivé sur ses souliers, faisait le tour de la pelouse en marmonnant : «ce pion, mon œil, ce pion, mon œil.»

L'inspecteur d'Oxford ne cacha pas à Holmes qu'il tenait Hélène La Chaise pour coupable. Elle avait tué le professeur car ce dernier refusait de continuer à lui donner de l'argent («Je ne règlerai plus tes *dettes*», avait-il sans doute crié) et avait probablement menacé de la dénoncer à son austère fiancé, le fils de l'évêque. Et Thomas n'avait-il pas prononcé distinctement le nom d'Hélène peu de temps avant de mourir?

Certes, estima Holmes, cette explication s'imposait à tous – sauf à lui. À ses yeux, le coupable pouvait tout aussi bien être Norman Wynberg III. Les paroles entendues par l'étudiant noctambule et le portier pouvaient faire l'objet d'une interprétation différente. Laquelle ne pouvait seule incriminer Wynberg. Mais si l'on examinait au microscope l'une des possessions du professeur américain, on obtiendrait peut-être un indice essentiel.

Les lecteurs ne seront pas surpris d'apprendre que l'interprétation que Holmes avait fait de ces quelques mots était la bonne. L'objet désigné par ses soins fut analysé et Wynberg arrêté et inculpé de meurtre.

Qu'avait donc entendu Holmes dans les énigmatiques syllabes rapportées par l'étudiant et le concierge ? Et quel objet appartenant à Wynberg put fournir la preuve matérielle qui manquait à la justice ?

4

La Dame du Kent

En ce lundi 12 janvier 1891 froid et venteux, nous apprennent les notes du Dr Watson, le soleil d'hiver se voila fréquemment de brusques averses. Dans l'après-midi, lors d'une lumineuse éclaircie, le docteur rendit visite à son ami, au 221B Baker Street. Il trouva le célèbre détective dans un état d'irritation pour le moins inhabituel. Holmes faisait les cent pas dans le salon, s'interrompant de temps à autre pour mettre le nez à la fenêtre. Ce fut d'ailleurs dans cette position que Watson le surprit en ouvrant la porte. Les rayons orangés du soleil couchant donnaient aux traits acérés du limier une apparence presque démoniaque.

Holmes, semble-t-il, attendait l'arrivée de l'un de ses Irréguliers de Baker Street, qui devait lui transmettre des informations relatives à une enquête en cours. À la grande frustration du détective, le garçon n'était toujours pas là. Watson ne l'explique pas – à vrai dire, son attention fut distraite par l'arrivée au 221B d'une cliente tout à fait extraordinaire.

« Ah, Watson, nous avons de la visite, déclara Holmes, de nouveau penché à la fenêtre. Un fiacre vient de faire halte devant ma porte et une dame en est descendue, qui examine à l'instant le numéro de l'immeuble. Mme Hudson ne devrait pas tarder à nous l'annoncer. »

Deux minutes plus tard, une jolie femme blonde d'environ vingt-cinq ans fit en effet son entrée dans le salon à la suite de Mme Hudson et prit place dans un fauteuil à l'invitation de Holmes. Elle semblait fort nerveuse et, aussitôt assise, « supplia mon ami d'empêcher qu'un meurtre se commette », note Watson. Holmes s'installa face à elle et, la transperçant de son regard d'aigle, lui demanda de bien vouloir lui donner de plus amples détails. Cette dramatique entrée en matière avait piqué sa curiosité.

Mme Elizabeth Flowers, de Tunbridge Wells – car tel était le nom de cette dame venue du Kent – portait une élégante robe gris sombre fort ajustée à la taille. Le col était haut, les poignets ornés de dentelle. Ses souliers d'excellente facture étaient maculés par la boue de la rue ; le bout intérieur du pied gauche était légèrement noirci, comme si on l'avait laissé trop longtemps à sécher devant la cheminée. Elle ne portait pour tout bijou, hors son alliance, qu'un collier de très jolies perles. Le charme et la beauté de Mme Flowers, quoiqu'incontestables, étaient, remarqua Watson, quelque peu gâchés par les cernes extraordinairement sombres qui soulignaient son regard. Cernes qui s'expliquèrent bientôt par l'aveu de la jeune femme :

submergée par l'inquiétude, elle n'avait «pas fermé l'œil» depuis quinze jours.

M. Edward Flowers, son époux, avoué de métier, expliqua-t-elle, partageait son temps entre son étude de Tunbridge Wells et Londres, où il donnait quelques consultations. M. et Mme Flowers, mariés depuis cinq ans, n'avaient pas d'enfants. Mais Edward aurait pu fort bien s'arrêter de travailler, car il venait d'hériter d'une somme considérable. Et c'était ce legs qui bouleversait son épouse.

Au début de l'année précédente, le père d'Edward, Lambert Flowers, riche veuf qui avait fait fortune en Afrique du sud, avait été retrouvé mort dans son manoir, sis près du bourg de Tenterden, dans le Kent. Le corps ne portait aucune trace suspecte, si bien que le décès n'avait pas été jugé douteux. M. Flowers père était un homme corpulent, avec un penchant certain pour les bons whiskies écossais. On avait d'ailleurs retrouvé un verre de scotch à demi rempli posé sur une table basse près du défunt. Sa consommation excessive d'alcool, jointe au manque d'exercice, avait conduit le médecin de Tenterden à conclure à une mort naturelle, causée par une défaillance cardiaque. Il n'avait à cette époque aucune raison de douter de ce diagnostic, ajouta la jeune femme.

Ce souvenir parut la bouleverser, car elle éclata en sanglots irrépressibles. Holmes lui ayant servi un brandy, elle retrouva peu à peu son calme, s'essuya soigneusement les yeux et poursuivit son récit.

Ce fut le fils aîné de Lambert Flowers, Wincott, célibataire et sans enfant, qui hérita de la fortune de son père. Les Flowers n'en prirent pas ombrage, car l'activité professionnelle d'Edward suffisait largement à leur assurer un train de vie des plus confortables.

Mme Flowers fit alors une remarque que Watson nota mot à mot : « Si mon mari et moi n'éprouvions aucune jalousie envers Wincott, on ne peut pas en dire autant du frère de Lambert, Gregory. Je l'ai entendu dire sans détour qu'il aurait dû hériter d'au moins la moitié de la somme échue à Wincott, car c'était lui qui avait pris soin de la propriété et des affaires de Lambert lorsque ce dernier résidait en Afrique du sud. »

Mme Flowers précisa que Gregory, l'oncle de son mari, qui vivait dans un petit village proche de Tenterden, Goudhurst, était chimiste de métier. Inventeur, il gagnait confortablement sa vie en vendant des brevets à des firmes spécialisées dans l'armement et le matériel médical. Il s'était marié jeune, mais sa femme l'avait quitté deux semaines après les noces pour des raisons restées obscures. Mme Flowers, qui avait, quelque temps avant son mariage, travaillé comme assistante auprès de son futur oncle par alliance, avait quant à elle une explication fort simple, qu'elle fournit non sans un frisson de dégoût à ses interlocuteurs : Gregory Flowers avait coutume de traiter ses employées « avec une courtoisie plus qu'appuyée ».

« Ah, mais poursuivez, je vous prie », déclara Holmes en hocha la tête.

Le 27 septembre de l'année précédente, six mois à peine après le décès subit de Lambert Flowers, son fils aîné Wincott perdit la vie d'une manière similaire. On le retrouva mort, affaissé sur la table du dîner, un verre de vin rouge largement

entamé à portée de main. De nouveau, nul indice suspect, nulle indication que cette mort pouvait ne pas être naturelle. Cependant, l'autopsie montra que Wincott ne souffrait d'aucune maladie et que les restes en partie digérés de son dîner retrouvés dans son estomac incluaient des substances qui n'auraient pas dû s'y trouver. Wincott avait peut-être succombé à un empoisonnement.

Les autorités interrogèrent Gregory Flowers, qui protesta de son innocence et put faire état d'un solide alibi. Ne disposant d'aucun indice concluant, la police dut clore l'enquête sur un non-lieu : Wincott Flowers était mort « suite à l'ingestion d'une substance toxique lui ayant été volontairement administrée par des personnes non identifiées. »

Mme Flowers éclata de nouveau en sanglots et fut, une fois de plus, réconfortée par une rasade de brandy en provenance de la cave de Holmes. Elle s'essuya délicatement les paupières avant de reprendre son récit.

Wincott avait légué sa fortune à son frère Edward.

« C'est à dire, M. Holmes, mon mari, s'écria la jeune femme, au bord de l'hystérie. Ne comprenez-vous pas ? Gregory fera tout ce qui est en son pouvoir pour s'emparer de cet argent. Il a fait usage de ses talents de chimiste pour empoisonner son frère, puis l'aîné de ses neveux. Et bientôt, Edward – et pourquoi pas moi ? Car il sera alors le seul représentant direct des Flowers et le seul héritier de leurs possessions ! M. Holmes, aidez-nous ! Je vous en prie, je vous en supplie ! »

La dame s'étant remise de son troisième accès de larmes, Holmes se déclara intéressé par l'affaire. Mais acceptait-elle de répondre au préalable à quelques questions ?

« Oui, naturellement, M. Holmes ! Je ferai tout ce qui est en mon pouvoir pour vous aider. »

Parfait, approuva Holmes. Première question : M. Flowers était-il informé de la visite de sa femme au 221B Baker Street ? Non, répondit Mme Flowers, car elle ne voulait pas l'inquiéter indûment. Peu après son départ pour Londres, vers 11 h 50, elle avait attendu un quart d'heure avant de monter dans le train qui l'avait emmenée à Victoria Station. Puis elle avait pris un fiacre.

Holmes, tête penchée, fronça légèrement le nez. C'était un geste que Watson connaissait bien, notait ce dernier : lorsque le détective adoptait cette posture, c'était qu'il cherchait à identifier une odeur.

« Et votre mari se trouve donc à Londres ? demanda Holmes. »

Hochement de tête de la dame.

« À quelle heure devait-il rentrer à Tunbridge Wells ?

– Oh, assez tard, je pense. Il n'est jamais là avant huit heures.

– Bien. Et avez-vous la moindre raison de penser que votre époux puisse être souffrant ? »

Mme Flowers se récria.

« Il est en excellente santé. Nous prenons de l'exercice, buvons très peu et n'avons jamais fumé. »

Holmes la questionna ensuite sur la mort de Wincott. Avait-elle vu le corps ?

« Hélas, oui, M. Holmes. Wincott habitait également Tunbridge Wells et c'est sa bonne qui nous a prévenus dès qu'elle a découvert le corps. C'était un dimanche – nous étions tous deux à la maison – et je suis entrée dans la salle à manger avec mon époux. »

La bonne aurait-elle pu déplacer le cadavre ?

« Impossible, M. Holmes. »

Pouvait-elle en conséquence décrire à Holmes la disposition des lieux, aussi soigneusement que possible ?

Mme Flowers se prêta à l'exercice. La table sur laquelle le couvert était mis pour une personne se trouvait au milieu de la salle à manger. La dépouille de Wincott se trouvait encore sur sa chaise, dos à la porte, la tête et les épaules affalées sur son assiette. Le verre de vin était à gauche…

« À gauche de quoi, Mme Flowers ?

– Pas à notre gauche, M. Holmes. Mais à gauche de ce malheureux Wincott. Côté cour, si vous voulez.

– Curieux, Mme Flowers. En général, les verres sont disposés à droite, à portée de main.

– Mon beau-frère était gaucher. »

Cette conversation se prolongea quelques minutes. Puis Holmes félicita Mme Flowers de la précision de ses réponses avant de lui annoncer qu'il acceptait l'affaire.

Elle le remercia avec la plus grande cordialité et le supplia de ne pas perdre une seconde : Gregory n'allait certainement pas tarder à frapper de nouveau. Puis, ayant renouvelé l'expression de sa profonde gratitude et de ses craintes, elle se hâta de quitter Baker Street pour rentrer chez elle avant M. Flowers.

Watson ayant accepté d'accompagner son ami le lendemain à Tunbridge Wells, il abandonna Holmes devant sa fenêtre – l'Irrégulier ne s'était toujours pas matérialisé.

Les deux hommes se retrouvèrent le lendemain à deux heures dans Victoria Station. Tandis qu'ils attendaient le train de Tunbridge Wells, Holmes acheta la dernière édition d'un quotidien du soir et parcourut les grands titres. Une brève dépêche de la rubrique «Dernières nouvelles» attira son regard : M. Edward Flowers, un jeune avoué de Tunbridge Wells, avait été retrouvé mort dans le bureau qu'il occupait chez Simkins et Warburton, au 123 du Strand.

«Que le diable emporte cette bonne femme, marmonna Holmes. Elle a franchi le pas plus vite que je ne le pensais.

– Holmes, s'exclama un Watson ébahi. Vous n'allez tout de même pas me dire que vous soupçonnez cette pauvre Mme Flowers de s'être débarrassée de son mari?

– Vous m'ôtez les mots de la bouche, Watson. Je la soupçonne depuis le début.»

Pour quelles raisons, chers lecteurs?

5

L'Affaire de la broche en émail

Au début de « La Pensionnaire voilée », Watson mentionne les « masses de documents » dont il dispose, ajoutant : « le problème ne se trouve pas dans la quantité mais dans la qualité. » En explorant ces notes retrouvées, nous nous sommes souvent demandé pourquoi certaines affaires ont donné lieu à de véritables récits, alors que d'autres ont été passées sous silence. La plupart du temps, la raison saute aux yeux : les affaires sont d'un type déjà abordé ou bien leur élucidation semble trop aisée. La plupart de ces dernières sont affublées de l'acronyme suivant : DV/TF, que nous avons pu déchiffrer : Déjà Vu / Trop Facile.

Watson utilise deux autres acronymes, APP et PP. L'un ou l'autre se retrouve sur les notes relatives à une trentaine de dossiers qui, dans la malle qui nous a été remise, sont archivés dans un coffret en acier fermé par une solide ficelle dont le nœud est scellé à la cire. Est attaché à cette ficelle une étiquette portant cette inscription en lettres capitales : AFFAIRES SECRÈTES ET CONFIDENTIELLES. On a ajouté cette mention en cursives plus petites : *À détruire si ouvert.*

Les lecteurs imagineront sans peine l'excitation qui nous a saisie lorsque nous avons ouvert le coffret pour en retirer ces liasses d'un papier que le temps avait rendu sec et friable. Nous avions enfin sous les yeux ces affaires auxquelles Watson faisait allusion dans les premières lignes de « La Pensionnaire voilée ». « La discrétion et le sens aigu de son honneur professionnel qui ont toujours caractérisé mon ami Holmes sont encore à l'œuvre dans le choix de ces souvenirs ; aucun secret ne sera trahi. » Nous avons compris, après un rapide examen de ces dossiers, ce que voulait dire Watson. Ces affaires étaient toutes fascinantes, sans exception ; six ou sept d'entre elles dégageaient une forte odeur de scandale. Aucune, bien sûr, n'avait fait l'objet de la moindre publication.

En nous intéressant aux deux premiers dossiers, nous avons rapidement compris le sens de la mention APP. Le Dr Watson avait vécu l'essentiel de son existence sous le règne de Victoria, époque à laquelle tout ce qui concernait le sexe était soit poliment étouffé, soit mentionné de la manière la plus détournée possible. Watson avait beau être plutôt progressiste en la matière, il ne souhaitait pas choquer ses lecteurs en défiant les normes sociales de son temps. APP, avons-nous compris, signifiait Atteinte à la pudeur du public.

Mais c'est le troisième dossier de la pile, celui que Watson avait un peu hypocritement baptisé « L'Affaire de la broche en émail » qui nous a permis de décrypter l'annotation PP. S'il fallait en croire les notes du bon docteur, elle ne pouvait signifier que Politiquement problématique. Ladite affaire l'est-elle encore ? Nos lecteurs en jugeront par eux-mêmes.

Que Holmes ait bien voulu se charger de cette enquête était du reste pour Watson un fait surprenant. Le grand détective n'était d'ordinaire pas sensible aux charmes du sexe opposé. Il donnait parfois le sentiment d'être plus attaché aux gamins débraillés qui constituaient l'essentiel de ses Irréguliers qu'aux belles élégantes qui mendiaient son assistance. Mais lorsque Emily de Chablis se présenta au 221B Baker Street par une rayonnante après-midi de juillet, en l'an 1900, Holmes apparemment se laissa ravir par les attraits indiscutables de la jeune dame et consentit à l'écouter.

Mlle de Chablis fit une impression similaire sur le Dr Watson dont les notes se départissent ici de leur habituelle sobriété pour nous fournir une description détaillée.

« Mlle de Chablis était d'une taille légèrement inférieure à la moyenne, un défaut qu'elle compensait par ses manières ouvertes, franches et ses gestes vigoureux. Son regard était d'un bleu azuréen et vibrant, contrastant puissamment avec une chevelure d'un brun sombre qui encadrait un visage assez rond – visage qui eût semblé au repos quelque peu ordinaire, mais les traits de Mlle de Chablis n'étaient jamais au repos. Qu'elle s'adresse à mon ami ou l'écoute parler, elle exsudait la vitalité, tête penchée comme un moineau, ses doigts courts sans cesse engagés en quelque gesticulation.

Mais ce n'était pas tant les particularités de cette jeune dame que son apparence de poupée qui retint mon attention. Elle me rappelait une personne fort connue, même si, à l'époque de sa visite, je fus incapable d'identifier ce souvenir. »

La requête de Mlle de Chablis était d'une sorte assez banale, qu'en général Holmes jugeait peu digne de sa formidable intelligence. En d'autres occasions, note Watson, il aurait donc poliment refusé l'affaire après avoir échangé quelques mots avec la cliente.

Mlle de Chablis cherchait à connaître ses véritables origines. Depuis Dickens, les romanciers et les historiens n'ont pas ménagé leurs efforts pour faire comprendre que la « respectabilité victorienne » tant vantée n'était qu'un écran de fumée qui dissimulait tant bien que mal la sordide ignominie d'une société où la moitié des enfants naissait hors des liens conjugaux et où vingt-cinq pour cent de la partie restante – ou davantage, qui sait – ne connaissait pas le nom de son père. Parfois même de ses deux parents. Pourquoi Holmes s'était-il décidé à accepter la requête de Mlle de Chablis ?

Emily était venue à la demande de son fiancé, Frank Goresby-Jones, respectable jeune médecin de Kidderminster. Les notes de Watson sont chiches en termes de contexte, mais il semble que le père du fiancé était un pasteur méthodiste relativement connu et, qu'avant de consacrer le mariage de son fils avec Mlle de Chablis, il souhaitait obtenir confirmation de la respectabilité de ce qu'il appelait son «héritage». La mère d'Emily était morte peu après la naissance de l'enfant qui avait été élevée par sa tante, une Mme Mitcham. La famille Mitcham – madame, monsieur et cinq enfants tous plus âgés qu'Emily – offrait un impeccable pedigree. Mais la situation de leur fille adoptive n'était pas si limpide.

Emily ne savait que ce que sa tante avait bien voulu lui raconter. Sa mère, Liza Wilkins, d'un caractère très affirmé, s'était rendue à Paris à vingt et un ans pour devenir professeur d'anglais dans une école pour jeunes filles. Elle avait écrit quelque temps plus tard pour annoncer son mariage avec Édouard de Chablis, un Français dont elle était tombée amoureuse. De Chablis venait d'une vieille et grande famille. Les Mitcham avaient été surpris – et même assez scandalisés – de cette nouvelle, car ils n'avaient jamais rencontré M. de Chablis que Liza n'avait presque jamais mentionné dans ses quelques lettres.

Par un soir pluvieux de novembre 1882, l'idylle avait viré au tragique : Mme de Chablis avait sonné à la porte de sa sœur sans crier gare. Enceinte jusqu'aux yeux, ravagée par l'inquiétude, elle avait expliqué à sa sœur qu'Édouard avait été assassiné et qu'elle était désormais veuve et sans le sou. Emily naquit dix jours plus tard et sa mère succomba à une hémorragie quarante-huit heures après l'accouchement.

Désireuse de se conformer aux souhaits de son futur beau-père, Emily avait discuté avec sa tante sans rien apprendre qu'elle ne sache déjà. La mère d'Emily, Liza Wilkins, avait enseigné le français dans une école pour jeunes filles à Paris et le père d'Emily, Édouard de Chablis, était le frère aîné d'une des élèves de Liza. Pourquoi et comment avait-il perdu la vie, Mme Mitcham n'en avait aucune idée. À moins de se rendre à Paris et d'y consulter quelque archive, Emily était condamnée à l'ignorance.

Ayant écouté le récit de Mlle de Chablis, Holmes « se mit à la scruter avec une attention minutieuse, ce à quoi elle finit par objecter : le rouge aux joues, elle se détourna et lui dit qu'elle n'aimait pas être examinée comme un cheval de course. » Holmes lui présenta ses excuses tout en l'assurant que cet examen était nécessaire à l'enquête. D'ailleurs, la jeune fille détenait-elle quoi que ce soit qui ait appartenu à sa mère ?

«Je n'ai que cela», répondit la jeune fille en tirant de son réticule une broche en émail bleu et monture d'or, affectant la forme d'un cœur.

Holmes s'en saisit et ses yeux «se mirent à briller tels des fanaux». Après avoir longuement contemplé le bijou, il le tendit à Watson, qui le décrit ainsi : «une broche de bonne taille et d'excellente facture, probablement très coûteuse.» Le prénom «Edward» était incrusté dans l'émail, ainsi que ces deux mots qu'il surmontait : «du Chab».

Watson en déduisit, tout comme Emily, que le bijou avait été offert à Liza par son mari, lequel avait adopté la forme anglaise de son prénom et quelque peu abrégé son nom de famille. Une fois Mlle du Chablis rentrée chez elle, Holmes expliqua à Watson que ces «deux déductions des plus logiques étaient aussi parfaitement inexactes.» Mais sur le moment, il se contenta d'adresser un sourire aimable et sagace à la jeune fille en lui assurant que son «héritage» était non seulement très respectable, mais encore «bien plus honorable que celui de n'importe quel pasteur méthodiste de l'Empire.»

À quelle conclusion en était venu Holmes pour pouvoir émettre un tel jugement ?

6

LE MYSTÈRE DU QUATRIÈME TROMBONE

Vous vous rappelez sans doute, chers lecteurs, que Sherlock Holmes aimait la musique, qu'il jouait remarquablement du violon et qu'il allait de temps à autre au concert. Ce fut d'ailleurs en assistant à l'un des concerts du dimanche après-midi au Royal Albert Hall, distraction très prisée, qu'il fut confronté à ce que son ami Watson baptisa ultérieurement « Le Mystère du quatrième trombone ».

Les notes de Watson nous apprennent que Holmes détestait par-dessus tout être reconnu en public. Cela lui venait non seulement de son peu de goût pour les interactions mondaines, mais aussi de la nécessité professionnelle qu'il avait de se déplacer en toute discrétion et – cela fait suite à l'incident du chat siamois de Mme Arbuthnot – de sa forte réticence à être impliqué dans des affaires qui ne l'intéressaient pas (Mme Sylvia Arbuthnot, la tante d'un jeune client de Holmes, avait croisé le détective dans Regent Street et, l'ayant reconnu, s'évertua à le convaincre pendant un quart d'heure de l'aider à retrouver ledit siamois, le tout d'une voix qui portait jusqu'à Trafalgar Square). Holmes et Watson décidèrent en conséquence de louer une loge pour profiter de la musique en toute intimité.

Watson ne nous parle que de la seconde partie du concert, qui se composait de deux œuvres. Holmes apprécia fortement la première, *La Légende dorée*, une cantate sentimentale d'Arthur Sullivan. Ce qui suivait lui déplaisait foncièrement : « un tintamarre des plus vulgaires, une

démonstration honteuse et minable de vanité nationaliste», déclara-t-il à Watson, en lui proposant de s'éclipser avant l'exécution. Watson refusa et Holmes, pour une fois, se plia au désir du docteur et resta donc écouter *L'Ouverture 1812* de Tchaïkovski. Après la cantate de Sullivan, il y avait un bref entracte : le chœur quitta la scène et quelques membres du Imperial Symphony Orchestra en profitèrent pour faire une pause. Lorsqu'ils revinrent à leurs pupitres respectifs pour jouer l'ouverture, Watson remarqua un changement dans l'attitude de son ami. Le visage de Holmes s'était tendu ; il s'était penché vers la scène, le regard fixé sur les musiciens.

«Que se passe-t-il, Holmes?»

Le détective tendit un index long et osseux vers les cuivres.

«Il manque le quatrième trombone. Il est sorti après le Sullivan et n'est pas revenu. C'est singulier, Watson. Peut-être s'est-il trouvé mal? Et moi qui pensais que pour cette horreur *Sturm und Drang* que vous me forcez à subir, l'orchestre avait besoin de toutes ses machines à bruit!»

Les regards perplexes et les discrets haussements d'épaule des autres trombones semblaient indiquer qu'ils partageaient l'étonnement de Holmes. Watson, auquel ce détail avait échappé, attribua la nervosité de son ami à l'irritation que lui causait par avance l'insupportable Tchaïkovski. Après quelques nouvelles piques maussades, Holmes se carra dans son fauteuil. Oskar Horvath, le chef hongrois de l'orchestre, revint au pupitre, salua l'audience dans un fracas d'applaudissements, posa sa montre de gousset près de la partition, qu'il ouvrit… puis il leva les bras et l'orchestre exécuta en souplesse les premières et sombres mesures de la célèbre ouverture.

Au début, tout se déroula à merveille. Même si les oreilles de Holmes étaient mises à rude épreuve, il resta immobile, les lèvres closes. Mais au bout de deux ou trois minutes, sa nervosité se manifesta de nouveau. Il avait jusqu'ici fait grand compliment de la maîtrise de Horvath et des prouesses harmoniques des musiciens. À présent, les sourcils froncés, il battait la mesure de son index droit avec irritation.

Watson lui fit signe de se calmer.

«Horvath a perdu le rythme», chuchota Holmes en secouant la tête.

Watson se retourna vers les musiciens. Horvath semblait effectivement plus agité que d'ordinaire. Il ne cessait de consulter son pupitre et ses gestes prenaient une ampleur exagérée. Les regards discrets qu'échangeaient quelques-uns des musiciens paraissaient indiquer qu'ils en étaient conscients.

Ce comportement pour le moins étrange et les petites irrégularités qui l'accompagnaient ne furent cependant remarqués que par les oreilles les plus fines. Le maestro parvint à conduire son orchestre à la célèbre conclusion de l'ouverture, toute en cymbales et en coups de canon. La vigueur des percussions compensait l'absence de véritables pièces d'artillerie et les spectateurs laissèrent éclater leur joie alors même que la dernière note se réverbérait encore dans la salle. Holmes haussa les épaules.

« Quel dommage de conclure un après-midi si plaisant sur une note d'une telle vulgarité ! s'écria-t-il dans le vacarme des hourras.

– Comme un orage à la fin d'un pique-nique ? suggéra Watson.

– Analogie des plus adéquates, bien que je n'aie jamais assisté au moindre pique-nique », répondit Holmes.

Le tonnerre se déchaîna de nouveau le lendemain matin lorsque Watson repéra cette nouvelle dans son quotidien : la veille, vers 18 h 30, Charles de Mainville, le quatrième trombone de l'Imperial Symphony Orchestra avait été découvert sans vie dans les toilettes pour messieurs de la Salle verte du Royal Albert Hall. Certes, il avait été atteint d'un violent malaise : mais là n'était pas la cause de son décès. L'homme était mort d'une blessure à la tête causée par une arme à feu. Un pistolet gisait près de son corps. La police avait conclu au suicide.

« Le malheureux était mort depuis moins d'une heure, remarqua Watson. Quelle tristesse ! Il a dû se tuer à la fin de l'*Ouverture 1812*. Avec tous ces faux coups de canon, rien d'étonnant à ce que nous n'ayons pas entendu la détonation.

– Vous n'avez qu'à moitié raison, répliqua Holmes en se levant d'un bond. Suivez-moi, Watson. Il nous faut filer à Scotland Yard immédiatement. C'est une enquête pour meurtre que ces imbéciles en bleu doivent lancer ! Et ils seraient bien avisés de commencer par un interrogatoire du maestro Horvath. »

Pourquoi diable Holmes pensait-il que le chef hongrois avait joué un rôle dans la disparition de son quatrième trombone ?

7

L'Énigme du poète étranglé

La plus grande partie des affaires holmésiennes répertoriées par son ami Watson concerne, il faut le dire sans détour, le sexe et la violence. Par violence, il faut comprendre la plupart du temps le meurtre, souvent sauvage et brutal. Quant au terme de « sexe », il recouvre toutes sortes de péchés (et autres comportements) : relations clandestines, naissances « illégitimes » et autres conduites considérées comme déviantes à l'aune de la morale victorienne. Watson, esprit progressiste, n'était pas mécontent de chroniquer ces affaires, tant qu'elles ne risquaient pas à ses yeux de scandaliser ses lecteurs. Il n'osa cependant pas porter à leur connaissance quelques cas qu'il jugeait par trop APP (susceptibles de porter Atteinte à la Pudeur du Public – voir « L'affaire de la broche en émail »). « L'Énigme du poète étranglé » figure au nombre de ceux-ci.

Tertius Fawcett avait été étranglé dans ses appartements à l'âge de vingt-six ans. Fawcett était professeur d'anglais et superviseur d'une des maisons (ou Houses) d'Appleford College, une école privée pour garçons fondée en 1551 dans les bâtiments d'une abbaye bénédictine du Dorset, au bord de la Manche. Appleford College – « établissement traditionnel dans le meilleur sens de ce mot », aimaient à dire ses directeurs – était fréquenté principalement par des fils d'agriculteurs et de commerçants du cru, ainsi que par quelques rejetons de familles plus huppées qui n'avaient pas été admis dans des écoles plus réputées.

Ce fut l'un de ces parents illustres, Lord Abbas, qui se présenta au 221B Baker Street par un froid matin du début février, vers 11 heures, en exigeant d'emblée que le grand détective mette fin « aux rumeurs calomnieuses et parfaitement infondées » qui circulaient sur son compte. Holmes lui fit civilement remarquer qu'il lui fallait d'abord comprendre la nature de l'affaire avant de décider s'il souhaitait ou non s'en saisir.

Lord Abbas, après avoir renâclé, froncé les sourcils et maugréé quelques remarques désagréables sur les « parvenus », consentit à narrer ses malheurs à Holmes. Son fils, l'honorable Edward Romsey-Ffolkes, âgé de 13 ans, était élève de première année à Appleford College ; il était membre de Cranmer House. « Un assez joli garçon, expliqua l'irascible aristocrate, qui ressemble beaucoup trop à sa mère pour son bien ». En effet, la beauté d'Edward n'avait pas tardé à attirer l'attention de Tertius Fawcett.

Fawcett invitait régulièrement Edward dans ses appartements, le soir (« jusqu'à cinq fois par semaine, rendez-vous

compte !»), pour l'aider à préparer ses devoirs. Les conversations entre Fawcett et son élève prirent peu à peu un tour intime, jusqu'à ce que, déclara Lord Abbas, «Fawcett pose sa vilaine patte sur le genou de mon garçon en lui expliquant qu'il l'aimait, dans la meilleure tradition de la Grèce antique.»

Lord Abbas eut vent de «l'inconduite de Fawcett» pendant les vacances de Noël. Edward y fit allusion «en passant» à sa mère, tout en lui racontant «tous les trucs amusants» qui lui étaient arrivés durant son premier trimestre à Appleford. Fou de rage, Lord Abbas avait exigé de rencontrer le Dr Abercrombie Middleton, le directeur de l'établissement, dans les plus brefs délais.

L'entretien ne s'était pas bien passé. Le Dr Middleton était d'un caractère doux et érudit. Féru d'Antiquité, il semblait trouver plus intriguant que scandaleux le comportement de son professeur d'anglais. Il s'était souvent interrogé sur la nature des relations entre les hommes et les jeunes garçons dans l'Antiquité grecque. Il promit malgré tout d'en «toucher un mot» à Fawcett, afin que ce dernier «tempère ses préférences vis-à-vis des jolis minois de la maison dont il avait la charge.»

Attitude qui fit sortir Lord Abbas de ses gonds, comme il le confessa à Holmes. «Cette réaction de chiffe molle… était franchement inepte» avait-il tonné avec une telle force que la secrétaire du directeur et le professeur principal d'histoire, qui conversaient dans un bureau mitoyen, l'avait entendu. «En toucher un mot» au coupable n'était certainement pas la meilleure manière de réprimer les penchants ignobles dont le jeune Edward avait été la victime, poursuivit l'aristocrate. Il fallait renvoyer Fawcett, vociféra-t-il avec plus de force que jamais, après lui avoir donné le fouet. Si «ce porc déguisé en gandin» ne quittait pas son poste avant Pâques, jura Lord Abbas, «je ne pourrai être tenu pour responsable de ce qui se produira.»

Était-ce en ces termes que Lord Abbas s'était exprimé ? demanda Holmes. Lord Abbas hocha gravement la tête. Oui, effectivement, et il le regrettait fort, car ces paroles désormais se retournaient contre lui.

Tertius Fawcett ne fut pas renvoyé et, après que le Dr Middleton lui eut «touché un mot» de sa conduite, il continua d'enseigner l'anglais aux élèves d'Appleford et d'aider l'Honorable Edward Romsey-Ffolkes à faire ses devoirs. Un répit de quelques semaines car, le 1er février, alors que le trimestre n'avait que trois semaines, le jeune professeur fut retrouvé mort dans son bureau, étranglé.

En l'absence d'un coupable évident, les éclats de voix de Lord Abbas éveillèrent les soupçons. L'homme était assez sensé pour en saisir la raison. Certes, il avait quelque motif de s'en prendre à Fawcett et ses menaces voilées, destinées dans son esprit à pousser le Dr Middleton à renvoyer le tuteur, semblaient viser directement le fauteur de trouble. Mais qu'on puisse transformer son existence en calvaire simplement parce qu'il avait, sous l'empire de la colère, émis quelques remarques déplacées dont « ces deux vieilles toupies à binocles avides de ragots » s'étaient ensuite fait l'écho, c'était proprement scandaleux.

« Je n'ai rien à voir avec la mort de ce lamentable individu, conclut Lord Abbas, et je vous serais infiniment reconnaissant, M. Holmes, si vous pouviez vous rendre à Appleford College, démasquer le coupable et blanchir mon nom. Par Jupiter ! C'est que mes propres fermiers commencent à me considérer avec méfiance ! »

Cette harangue finie, Holmes réfléchit quelques minutes avant de déclarer que l'affaire était digne de son attention. Si Lord Abbas était prêt à en payer le prix, sans garantie toutefois de voir son nom « blanchi », le détective prendrait le train de 9 h 03 pour Dorchester à Waterloo le lendemain même. L'aristocrate fulminant signa dare-dare un chèque correspondant à la moitié du tarif imposé par Holmes avant de se retirer.

Le lendemain, dès son arrivée à Dorchester, Holmes se rendit au commissariat du comté et se présenta au sergent Granger, le jeune policier auquel l'affaire Fawcett avait été confiée. Granger, écartelé entre la recherche de la vérité et les accès de fureur de Lord Abbas, accepta avec joie l'assistance de Holmes. Il confirma en tous points le récit du pair et fournit au détective les éléments complémentaires collectés par ses soins.

La nuit du meurtre avait été particulièrement tumultueuse, une forte bise soufflant du sud-ouest. Détail par conséquent troublant, l'une des petites fenêtres de la baie vitrée qui se trouvait dans le bureau de Fawcett était restée ouverte toute la nuit. N'avaient été relevées sur la terre du massif de fleurs situé sous cette baie ni traces de pas, ni marques d'aucune sorte. Le directeur de Cranmer House avait précisé qu'à sa connaissance, toutes les portes qui permettaient d'entrer dans le bâtiment étaient cette nuit-là verrouillées de l'intérieur.

Granger avait interrogé une dizaine de pensionnaires de Cranmer. Ils déclarèrent pour la plupart qu'ils ne détestaient pas Fawcett, sans pour autant avoir la moindre estime pour celui qu'ils appelaient « Tertius Touche-touche ». Cet excentrique ne verrouillait jamais la porte de son appartement et laissait en permanence la fenêtre ouverte, « pour rafraîchir son cœur enfiévré ». La nature exacte de cette fièvre fut confirmée par les gravures érotiques découvertes dans un volume des poésies d'Oscar Wilde : illustrations qui, note Watson « auraient fait rougir les fronts les plus pervers et valu une longue peine de prison à leur auteur ».

Le corps de Fawcett fut découvert après le petit-déjeuner par un élève en quête de conseil sur le rôle qu'il devait jouer dans la représentation théâtrale de l'école. D'après les autorités médicales, l'homme était mort depuis six à huit heures. Il avait donc été tué avant l'aube et par strangulation – à mains nues, précisa le médecin, et par une personne (un homme, sans doute) doté d'une grande force musculaire. Le bureau ne présentait aucun signe de lutte. Soit Fawcett connaissait son assassin, en avait déduit Granger, soit il avait été assailli par surprise.

Fawcett nourrissait des ambitions poétiques. Le soir précédant sa mort, raconta Granger, il travaillait à quelques strophes.

« Inspirées, visiblement, par la tempête nocturne », suggéra le jeune policier en tendant une feuille de papier à Holmes.

Ce dernier la lui rendit après avoir lu les quatre lignes qui y figuraient, entrecoupées de ratures :

La tempête souveraine,
Qu'est-elle donc à l'être aimé ?
Il est temps – la coupe est pleine,
De trahir ce que je hais.

Telles étaient les premières constatations de Granger, qui s'avoua « totalement déconcerté » par l'affaire. Tout désignait Lord Abbas comme le coupable. Mais l'irascible pair jurait sur ses grands dieux qu'il n'avait quitté de la nuit Compton Hall, son manoir. Sa femme, timide et frêle créature, avait confirmé ces dires. Il fallait cependant préciser que les époux faisaient chambre à part et qu'elle avait laissé Lord Abbas dans le salon, seul avec son digestif. Le majordome se souvenait d'avoir apporté une bouteille de porto à son maître vers dix heures et demi. Le palefrenier n'avait entendu aucun mouvement dans l'écurie. Lorsqu'il s'était occupé des chevaux, le lendemain matin, aucun ne semblait avoir été sollicité dans les vingt-quatre heures qui précédaient.

Et quand bien même Lord Abbas aurait pu se faufiler hors de Compton Hall et rejoindre Appleford à cheval, expliqua Granger, il aurait été quasiment impossible, tant à lui qu'à un homme de main, d'entrer dans Cranmer House, d'étrangler Fawcett et de repartir sans être vu ni laisser de trace de son passage. Holmes ne commenta pas cette assertion.

Après un léger repas, il se rendit à Appleford College dans un dog-cart de location. Il arriva en plein milieu de l'après-midi et étudia rapidement la disposition des lieux avant de se faire connaître aux responsables de l'établissement. Cranmer House était une vieille demeure en forme de E qui se dressait sur une éminence à deux cents mètres au sud-ouest des autres bâtiments de l'école.

Le dortoir des garçons était situé au premier étage du dos du E, face à la mer et fortement exposées aux bourrasques du vent de sud-ouest. Les trois dents du E étaient occupées par des annexes : situées du côté le mieux protégé de Cranmer House, elles offraient une vue plongeante sur les autres bâtiments de l'école. Les appartements du superviseur et de la gouvernante occupaient la dent la plus au nord – puis venaient les cuisines et le logement du directeur de la maison. Fawcett occupait un appartement au rez-de-chaussée, juste en-dessous de celui de la gouvernante. La grande baie à meneaux de son bureau donnait, par-delà quelques massifs de fleurs, sur l'église abbatiale. Restaurée, elle servait désormais de lieu de culte à l'école et à la paroisse environnante.

Après sa brève visite incognito, Holmes se dirigea vers le bâtiment principal de l'école et demanda à voir le directeur général. Ce dernier l'accueillit sur le champ avec amabilité tout en exprimant le souhait qu'il pourrait « démêler au plus vite cette déplaisante affaire ». Il n'avait rien à ajouter aux déclarations qu'avait déjà recueillies Granger et dont Holmes avait déjà connaissance.

De là, le détective se rendit à Cranmer House, où il se présenta à M. Montague Wray, le directeur de la maison. Après une visite des lieux, ils discutèrent de la nuit du meurtre. Le témoignage de M. Wray correspondait parfaitement à celui du Dr Middleton et à ce qu'avait rapporté Granger. Wray avait été ravi d'apprendre par Lord Abbas,

la veille, que Holmes « s'occupait de l'affaire ». L'école – et Cranmer House en particulier – ne tirerait aucun bénéfice d'un tel scandale.

Que pensait M. Wray de feu M. Fawcett ? Le directeur de Cranmer House avoua à Holmes que, bien que bouleversé par le décès tragique de son collègue, il n'avait jamais apprécié le personnage. « Trop dandy à notre goût, M. Holmes. » Cranmer House se vouait principalement aux sports et se vantait de transformer les garçons qui lui étaient confiés en dignes piliers de l'Empire. Crawley, le représentant des élèves, était le parfait Homme de Cranmer : délégué tant pour l'administration de la maison que pour l'enseignement qui y était dispensé, capitaine de la première équipe de rugby à quinze de l'école et assuré de par sa brillance d'une place à Oxford. Certes, il n'était pas toujours tendre sur le terrain, et son tempérament prenait parfois le dessus sur son bon sens. Ce qui ne l'empêchait pas d'être « un magnifique spécimen de Cranmérien. Vraiment. »

Holmes exprima un vif désir de rencontrer cet exemplaire étudiant. En attendant, M. Wray pouvait-il lui préciser son emploi du temps la nuit du meurtre ?

Assurément. M. Wray rapporta qu'il avait fait une brève ronde dans le bâtiment un peu avant 23 heures – il avait entendu les onze coups de l'horloge en refermant sa porte pour rejoindre son épouse dans leur salon. Oui, tous les garçons étaient couchés et la porte qui conduisait aux cuisines dûment verrouillée.

« Et les diverses portes d'entrée ?

– Ah, c'était le délégué des élèves qui devait vérifier qu'elles étaient bien toutes fermées dès 22 h 30, à l'extinction des feux.

– Où se trouvait M. Crawley lorsque M. Wray avait fait sa dernière ronde ?

– Au lit, dans sa petite chambre de l'extrémité sud du dortoir.

– Dormait-il ?

– Oui, visiblement.

– Et pour finir, M. Wray avait-il croisé M. Fawcett ce soir-là ?

– Non, mais il se souvenait d'avoir vu de la lumière filtrer sous sa porte lors de sa ronde. »

Après avoir remercié M. Wray, Holmes demanda à s'entretenir avec la gouvernante. Ah, cette dernière, annonça M. Wray, avait dû s'absenter au dernier moment pour aller voir sa sœur malade à Weymouth, mais sans doute était-elle déjà de retour. Holmes trouva en effet Mme Sophia Mussett, jolie femme d'une trentaine d'année, encore revêtue de son manteau et de sa capeline de voyage. Quelque peu perturbée par l'arrivée inopinée d'un aussi prestigieux personnage, elle pria Holmes de s'asseoir, le temps de remettre de l'ordre dans sa toilette.

Mme Mussett avait décoré son petit salon, qui lui servait également d'infirmerie, de toutes sortes de souvenirs et de bibelots liés à l'école, parmi lesquels une photographie sous verre de l'équipe de rugby de Cranmer. Cinq ans plus tôt, expliqua-t-elle, après avoir refait sa réapparition, elle s'était retrouvée veuve et sans le sou après la mort de son mari en Afrique du sud. Elle avait vécu quelque temps chez sa sœur, à Weymouth, avant d'accepter le poste de gouvernante à Cranmer. Assurément, la meilleure décision qu'elle ait pris de sa vie. Elle adorait son métier.

Quelle était exactement la nature de ses obligations ? s'enquit le détective. Et pouvait-il jeter un œil au registre de l'infirmerie, où elle notait toutes les visites de ses jeunes patients ? Parmi les chevilles foulées, les engelures et autres petits bobos notés le soir du meurtre de Fawcett, figuraient ces quelques mots : « Sebastian Crawley, brûlures d'estomac ».

Ah ! Mme Mussett eut un bon sourire. Oui, Sebastian était passé voir si la gouvernante pouvait lui donner quelque chose contre l'indigestion. Elle lui avait administré une bonne cuillerée de Hepar sulfur – « c'est ce que recommande Mme Beeton dans son manuel ! ».

Le nom de M. Crawley apparaissait fréquemment dans le registre de l'infirmerie, remarqua Holmes. Le jeune homme était-il de santé fragile ?

« Sebastian ? s'exclama Mme Mussett en riant. C'est un roc ! Toutes ces visites sont relatives à des blessures subies sur le terrain de rugby. »

Mme Mussett connaissait-elle bien M. Fawcett ?

Non, ils n'échangeaient que rarement la parole.

Avait-elle entendu parler de l'incident impliquant M. Fawcett et le fils de Lord Abbas ?

« Naturellement, M. Holmes ! Et si vous voulez mon sentiment, le Dr Middleton aurait dû lui montrer la porte. Ce répugnant personnage ne faisait pas mystère de son dégoût pour les femmes. »

Holmes remercia Mme Mussett de sa franchise et réintégra les bureaux du directeur de Cranmer House. Il avait un dernier entretien à conduire – quelqu'un pouvait-il faire venir M. Crawley ? Un élève de première année se chargea de cette mission. Dix minutes plus tard, cet homme parfait se présentait à Holmes. Un bon mètre 85, les épaules larges, le regard franc du sportif, il ressemblait en tout point à l'impressionnante description de M. Wray.

Que pensait-il de M. Fawcett ? demanda Holmes.

L'Alcibiade de Cranmer House répondit qu'il appréciait la culture du tuteur mais qu'il était rebuté par ses manières peu viriles. Ce qui s'était passé avec le petit Romsey-Ffolkes était répugnant. Fawcett n'était pas un gentleman, poursuivit Crawley. Par exemple, il avait cette horrible habitude de dénigrer Mmes Mussett et Wray pendant les cours.

« Dénigrer ? Et de quelle façon ? »

Le jeune homme eut un moment d'hésitation. Puis, le rouge aux joues, il répondit qu'il avait entendu Fawcett traiter ces deux dames de « Dalilah ».

Où se trouvait M. Crawley la nuit du meurtre ?

Au lit, dans sa petite chambre au bout du dortoir.

Avait-il entendu M. Wray faire sa tournée ou dormait-il à ce moment ?

Il était resté les yeux ouverts pendant un bon moment à écouter le vent gémir et à réfléchir à la composition de l'équipe pour le prochain match. Il se souvenait d'avoir entendu les cloches sonner la demie de minuit avant de s'endormir.

Holmes remercia M. Crawley, prit congé de M. Wray et s'en fut à l'auberge Aux Armes d'Abbas, où il avait retenu une chambre. Le lendemain matin, il repartit pour Dorchester et s'entretint avec Granger, auquel il suggéra de faire perquisitionner l'appartement de la gouvernante de

Cranmer House. On y trouverait des preuves qui conduiraient à l'arrestation du meurtrier de M. Fawcett. Ce qui fut le cas, dans l'après-midi.

Qui fut arrêté ? Et quelle était la preuve évoquée par Holmes ?

8

L'Incendiaire d'Axelbury

Watson nous rappelle dans « La Boîte en carton » que Sherlock Holmes n'avait guère de goût pour la nature. « Ni la campagne, ni la mer n'avaient le moindre intérêt à ses yeux. » Il n'était vraiment heureux qu'à Londres, « au cœur d'une ville de cinq millions d'individus ». Ce fut donc avec une certaine réticence qu'il consentit à se rendre dans le Somerset au printemps 1907 pour enquêter sur ce qui semblait une très banale affaire d'incendie criminel.

Une certaine inactivité régnait au 221B Baker Street lorsque Holmes reçut une brève missive rédigée d'une grande et ferme écriture, sans doute féminine. « M. Holmes » était prié par la présente de bien vouloir se rendre à Axelbury Hall, près de Nether Stowey, pour « y résoudre une triste affaire d'effroyables incendies ». L'expéditrice concluait en promettant « les émoluments souhaités, ou droits, ou je ne sais quoi, plus les frais, etc, etc, etc. » Si Holmes ne dédaignait

pas d'être rétribué à sa juste valeur, il tenait avant tout à ce que justice soit rendue. En temps normal, il aurait ignoré une supplique aussi grandiloquente. Mais la signature qui s'étalait au bas de la page le poussa à accepter l'affaire.

Mlle Agatha Teasebury, « la Colombe de Drury Lane », était une actrice dont la beauté avait ensorcelé tous les jeunes gens de Londres, au premier rang desquels un étudiant en médecine célibataire du nom de John H. Watson. Lequel, désormais veuf et docteur, se déclara « mortellement désireux de poser les yeux sur celle qui avait pendant si longtemps illuminé de sa présence les scènes de Londres ». Dans un rare accès de gentillesse, Holmes décida d'accéder au chevaleresque souhait de son ami.

Le détective avait un motif plus sérieux : peu après Noël, l'année précédente, un collier de diamants et de perles d'une valeur de cent mille livres, avait été dérobé à Mlle Teasebury. Ni le voleur, ni le butin n'avaient été retrouvés. Holmes se trouvait donc en mesure de résoudre deux mystères en un – même s'il avoua à Watson, loin des oreilles curieuses, que l'affaire du collier l'intéressait plus que l'autre.

Avant de troquer le brouhaha de Londres pour les torpeurs bucoliques du Somerset, Holmes alla chercher dans ses dossiers de quoi rafraîchir ses souvenirs sur le collier de Mlle Teasebury. Apparemment, le cambrioleur s'était introduit dans le manoir pendant que l'actrice recevait des amis dans la salle à manger. Les portes d'Axelbury Hall étant ouvertes et les domestiques accaparés par le dîner, l'homme (c'en était certainement un) était entré sans crier gare et s'était rendu directement dans la chambre de l'actrice. Il avait fouillé la coiffeuse et trouvé le collier avant de repartir tranquillement avec son butin.

Tout cela sans être vu, jusqu'à ce que le chauffeur de Mlle Teasebury, George Hazelhurst, remarque un inconnu debout près de l'automobile de l'actrice, qui se trouvait garée près du manoir. L'homme, apparemment, semblait être là depuis quelques minutes et cherchait sans doute à faire démarrer le véhicule pour fuir à son bord. Hazelhurst héla l'inconnu qui, un moment immobile, prit ses jambes à son cou avant que le chauffeur puisse l'approcher.

Quelques jours plus tard, un pêcheur de crabes de Minehead du nom de Piccard Grantham, qui venait de perdre son bateau dans une tempête, se retrouva derrière les barreaux de la prison de Shepton Mallet pour un vol sans rapport avec celui du collier. Le chauffeur eut beau lui trouver une ressemblance avec l'inconnu du manoir, Grantham nia être mêlé à la disparition du collier, qui ne fut jamais retrouvé.

Les actrices, soient-elles les plus célèbres du monde, doivent rarement leur fortune à leur seul talent. Il en allait de même pour Agatha Teasebury. À l'approche de son cinquantième anniversaire, elle avait épousé Adolphus Grinkwaller III, un riche Américain qui fait fortune dans les mines et la sidérurgie. Mlle Teasebury avait consenti à l'épouser à condition qu'il s'installe en Angleterre, à courte distance de Londres. Le millionnaire se plia à cette requête en faisant l'acquisition d'Axelbury Hall, près de Nether Stowey, belle propriété comprenant un manoir et sept cents hectares de champs et de forêts où abondaient les cerfs.

Malheureusement, M. Grinkwaller n'eut guère le temps de jouir de son nouveau statut de propriétaire terrien de la bonne société britannique. Six mois après son mariage, il se cassa le cou en tombant de cheval alors qu'il suivait les Quantock Staghounds. Le cœur d'Agatha en fut brisé.

Cette fracture assez théâtrale n'était pas aussi définitive que celle dont son mari avait souffert. L'actrice retrouva bientôt le chemin des scènes londoniennes, où elle apparaissait encore en étoile invitée. Le reste du temps, elle menait une vie tranquille à Axelbury Hall. La maisonnée se composait de trois femmes de chambre, d'une cuisinière, d'un majordome et d'un chauffeur. Après la mort de son mari, elle avait pris les chevaux en horreur et se faisait conduire à la gare de Taunton dans la splendide Buick écarlate que le millionnaire avait rapporté des États-Unis.

C'était l'incendie de ce véhicule – celui-là même que le supposé voleur du collier avait voulu emprunter – qui avait poussé Mlle Teasebury à écrire à Holmes.

Le fiacre qui vint chercher le détective et son ami à la gare de Staunton leur révéla qu'il y avait eu cinq incendies volontaires ces trois dernières semaines dans les Quantock Hills. S'il n'avait pas d'information sur la destruction de la Buick de Mlle Teasebury, le dernier de ces incendies, les quatre autres, expliqua-t-il, avaient commencé de la même façon. Une meule de foin était poussée contre la porte du garage, imbibée de pétrole et mise à feu. Le temps que les pompiers arrivent, les flammes avaient déjà franchi les parois de bois du garage et détruit le véhicule à l'intérieur.

Fort heureusement, ces incendies n'avaient fait qu'un blessé léger – un palefrenier qui dormait dans le grenier à foin, au-dessus de l'une de ces voitures, s'en était tiré avec quelques brûlures superficielles. La police recherchait un individu, homme ou femme, dont l'emploi était menacé par l'expansion des automobiles au détriment des véhicules hippomobiles. Les quelques suspects interpelés avaient été relâchés faute de preuve.

Holmes et Watson ayant réservé une chambre dans un relais de poste voisin, ils se rendirent à Axelbury Hall. Le bon docteur trouva la Colombe de Drury Lane « aussi splendide au naturel qu'elle l'était sous les feux de la rampe ». Visiblement fasciné, il convoqua Shakespeare pour exprimer son émerveillement dans ses quelques notes. « L'âge ne peut l'altérer ni l'habitude flétrir son infinie diversité ». Les lecteurs ne s'étonneront pas de la réaction plus sobre de Holmes, qui jugea cette comparaison entre Mlle Teasebury et Cléopâtre « quelque peu exagérée ».

La Buick était remisée dans un garage aux murs de pierre situé dans un bois, à cinquante mètres à l'ouest du manoir. La maisonnette du chauffeur, elle aussi en pierre, se trouvait à l'orée du fourré, à une dizaine de mètres du garage, dont les murs avaient survécu à l'incendie, tandis que le toit et la porte avaient été réduits en cendres. Le véhicule n'était plus qu'un squelette d'acier noirci et déformé.

Holmes examina cette carcasse en compagnie du chauffeur. Le malheureux reconnut sans peine qu'il était, depuis la perte de cette auto à laquelle sa maîtresse était si attachée, rongé par le chagrin et la culpabilité.

« La culpabilité ? » fit Holmes en lui lançant un regard aigu.

L'homme, gêné, se pencha pour ramasser le lourd cadenas des portes du garage. L'anse était ouverte.

« Ah, fit Holmes. Et vous étiez le seul à en avoir la clé ?

– Je suis le seul qui s'en serve, monsieur. Elle est pendue à un clou près de l'entrée des domestiques. Et elle n'en a pas bougé, monsieur ! J'étais persuadé de bien l'avoir fermé, mais ça m'arrive d'oublier. C'est sûr, la dernière fois que j'ai conduit la voiture, monsieur, je n'ai pas bien refermé après l'avoir garée.

– C'est certain. Et quand était-ce, cette 'dernière fois' ?

– Avant-hier, monsieur. Je suis allé à Shepton Mallet chercher un pneu de secours chez Armstrong Motors. Tenez, voici ce qu'il en reste. »

Il tendit la main vers un cercle de caoutchouc carbonisé.

« Étiez-vous seul à bord ?

– Non, monsieur. J'avais emmené Molly Fish, une des femmes de chambre. Elle avait des courses à faire. Je ne lui ai pas demandé quoi, monsieur : je crois qu'il s'agissait de vêtements… euh, vous savez, de femme.

– Et elle est rentrée avec vous ?

– Oui, monsieur. J'ai même dû l'attendre un peu, car ses culot… Je veux dire, ses vêtements, n'étaient pas tout à fait prêts. »

Hazelhurst toussota et leva un regard timide vers Holmes.

« Oui, Hazelhurst ? fit ce dernier.

– Je… Je sais que ce ne sont que des racontars, mais j'ai entendu les dames dire que Molly voyait un… Un jeune homme. En secret. C'est peut-être pour ça qu'elle était en retard. Elle avait l'air tout ému.

– Je vous remercie, Hazelhurst. Assez de cancans… Revenons aux faits. Molly vous a-t-elle déjà accompagné chez Armstrong Motors ?

– Une fois, monsieur. Il y a un mois. Il fallait que j'aille chercher une pompe et elle s'est portée volontaire pour rapporter du linge pour les chambres d'amis. »

Après un instant de réflexion, Holmes se mit à examiner la voiture. Hazelhurst était campé derrière Watson et triturait nerveusement sa casquette.

Un petit cri poussé par Holmes les fit bientôt sursauter. Il semblait, même si la suie rendait les choses difficiles à voir, que le réservoir de la Buick avait été éventré d'un coup de scie.

Hazelhurst se pencha à son tour sur les restes de l'auto.

« Que le diable m'emporte, monsieur, marmonna-t-il. On dirait que ce bandit voulait mettre toutes les chances de son côté. Éventrer le réservoir pour être sûr que l'essence prendrait feu, elle aussi ! »

Holmes se redressa.

« Oui, à l'évidence… Hazelhurst, avez-vous une scie à métaux ?

– Je dirais plutôt que j'en avais une ! »

Il montra au détective un petit tas de planchettes carbonisées – ce qui restait de sa boîte à outils.

« Une dernière question, Hazelhurst.

– Monsieur ?

– Pensez-vous que l'incendie ait pu débuter à l'extérieur du garage et se propager ensuite par les portes au véhicule ?

– Non, monsieur. Quand je suis arrivé, c'est de l'intérieur que ça brûlait. Les portes étaient encore en feu.

– Merci infiniment, Hazelhurst. Très éclairant. »

Le lendemain matin, Watson loua un cabriolet et, en compagnie de Holmes et de l'agent de police du village, fit le tour des quatre autres garages incendiés. Deux d'entre eux avaient déjà été nettoyés mais Holmes put examiner les deux autres en profondeur. Les trois hommes déjeunèrent à Crowcombe et s'en revinrent sous la pluie par les collines à Axelbury Hall.

Holmes ne cessait de renifler bruyamment – signe certain, déplora Watson, qu'il avait attrapé un rhume en baguenaudant dans l'humidité des Quantock Hills. Holmes fronça les sourcils, renifla de nouveau et maugréa qu'il aurait mieux fait de rester à Londres. Cela, ajouta-t-il, ne l'empêcherait pas de poursuivre son enquête. Avec la permission de Mlle Teasebury, il allait donc procéder à un interrogatoire de tous les domestiques d'Axelbury Hall. Après avoir fait le ravissement de Watson – et la consternation de Holmes – en narrant comment l'un de ses admirateurs s'était introduit dans sa loge « sans même frapper à la porte » –, elle donna son accord à la procédure.

Holmes commença par le chauffeur dans sa maisonnette et finit avec Molly, qui logeait sous les toits. Ce fut là du reste que le rhume du détective atteignit son apogée : tandis que la jeune femme répondait, Holmes ne cessa de renifler « avec la constance d'une machine à vapeur ».

Une fois ces interrogatoires effectués, Holmes, constatant que le manoir de l'actrice ne disposait pas du téléphone, emprunta la charrette de la gouvernante et se rendit à

Nether Stowey pour y passer un appel. Il fut de retour une demi-heure plus tard, en compagnie de Diggins, l'agent de police du village.

« Watson, ces quelques jours ont été non seulement plaisants mais également des plus fructueux », déclara-t-il à son ami.

Lequel nota que le détective avait été subitement guéri de son infernal catarrhe.

«Je laisse à mon excellent camarade Diggins le soin de procéder à l'arrestation de la canaille qui a détruit par le feu cette splendide auto. Il en profitera pour remettre en mains sûres le collier volé. À présent, cher ami, hâtons notre départ, ou bien nous manquerons le dernier train de Londres.»

Et ce fut sur le chemin de Londres que Holmes expliqua à Watson la manière dont il avait pu identifier l'incendiaire de la Buick et le lien entre cette destruction et le vol du collier. Il lui avait effectivement suffi d'un seul voyage pour résoudre, comme il l'avait souhaité, les deux énigmes.

Lecteurs, que révéla-t-il à Watson ?

9

Le Coucou trop précoce

L'électricité remplaçant peu à peu le gaz comme mode d'éclairage dans les demeures des plus fortunés, il était apparu sur le marché un certain nombre de petits appareils destinés à ceux qui disposaient d'une alimentation électrique régulière. L'un de ces gadgets était le Coucou électrique Sauber conçu, breveté et manufacturé à Birmingham par Gustav Strauss.

Holmes avait pu admirer chez ses clients aisés quelques exemplaires de ces ingénieuses horloges. Ce fut donc avec un intérêt non déguisé qu'il lut dans le *Daily Telegraph* une dépêche décrivant le décès brutal de l'inventeur. M. Strauss avait été retrouvé mort dans sa baignoire, électrocuté par l'un de ses coucous.

Le lendemain, Holmes reçut la visite inopinée de la veuve de l'inventeur. Cette dame était convaincue que la mort de son mari n'était pas accidentelle, hypothèse jugée fantaisiste par les autorités.

Un Holmes fort intrigué lui demanda quels éléments justifiaient cette conviction.

Mme Lilly Strauss, belle femme d'une quarantaine d'année à l'esprit rationnel, répondit à cette question avec une admirable précision. Il lui fallait commencer par un aveu d'ordre intime : elle n'avait jamais été mariée à Gustav Strauss. Certes, ils vivaient comme mari et femme et avaient eu trois adorables enfants, mais aux yeux de la loi, ils étaient restés M. Gustav Strauss et Mlle Lilly Phillips.

Cette situation était imputable à M. Strauss. Non qu'il ait été déjà marié, avait-il déclaré à Mlle Phillips. Mais, en scientifique moderne, il n'avait que faire « de coutumes et de rites hérités d'un âge superstitieux ». Lilly ne fréquentant les bancs d'aucune église ou temple, elle s'était pliée avec grâce au souhait de son compagnon.

Lilly et Gustav s'étaient rencontrés peu après l'installation de Strauss, tout juste arrivé de sa Suisse natale, à Birmingham, où il avait ouvert la manufacture qui fabriquait les désormais fameux Coucous électriques Sauber. Mais pourquoi Sauber et non pas Strauss ? Sauber, expliqua l'inventeur, était le nom de jeune fille de sa mère, à laquelle il voulait ainsi rendre hommage. Son père était mort lorsqu'il avait six ans et sa mère dix ans plus tard. Il était le seul fruit de leur union.

Bien qu'ils ne soient pas unis par les liens sacrés du mariage, Lilly et Gustav avaient vécus heureux. Le nombre de maisons équipées d'un réseau électrique allant croissant, le coucou électrique fut de plus en plus prisé ; bientôt Strauss connut la fortune. Le couple put s'offrir une belle demeure neuve dans une banlieue cossue de Birmingham, embaucha une cuisinière et une femme de chambre, ainsi qu'un précepteur pour leurs trois enfants. Le succès du coucou finit même par attirer l'attention de la presse. Le gadget et son inventeur reçurent ainsi les honneurs de l'*Illustrated London News*, qui leur consacra un reportage intitulé « Un homme nouveau à l'ère de l'électricité ».

Peu après cette publication, cependant, quelques nuages vinrent assombrir leur idyllique existence. Des lettres portant cachet suisse commencèrent à arriver chez les Strauss, invariablement adressées à « M. Sauber-Strauss ». Mais ce n'étaient, expliqua Strauss à Lilly, que des requêtes provenant d'un fonctionnaire bernois à l'esprit confus, relatives au legs qu'avait fait à l'inventeur une de ses tantes. Cependant, ces missives jugées sans importance le plongeaient toujours dans l'agitation et finissaient dans la cheminée, après qu'il en avait rapidement vérifié le contenu. Lilly, ne parlant ni français ni allemand, n'en lut jamais aucune.

La nervosité de Gustav ne fit que croître lorsque, à la mi-mars de cette année-là, le premier appel du coucou – à plumes, celui-là – se fit entendre dans les bois environnant la maison. L'oiseau avait un mois d'avance, de l'avis général. Des ornithologues parcoururent la forêt à la recherche du volatile. En vain ! Et lorsque le chant cessa, les experts estimèrent qu'il avait dû mourir de froid. Tant que l'incident dura, Gustav se montra particulièrement impatient avec sa femme et ses enfants.

« Et c'est alors, poursuivit la jolie veuve, que le rétameur itinérant est apparu dans le quartier. »

Holmes souleva un sourcil interloqué et pria Mme Strauss de poursuivre.

Ce rétameur était une sorte d'excentrique, expliqua Lilly. Très drôle, au demeurant. C'était un Français incroyablement myope, maigre comme un clou, les cheveux longs et la barbe fournie. Comme il n'avait pas de quoi se payer des lunettes, il se plantait à deux centimètres des passants pour leur demander avec un accent français à couper au couteau : « Vous avez des casseroles que je peux réparer ? »

Les jeunes Strauss, qui trouvaient ces manières follement hilarantes, l'avaient baptisé M. Casserole. Et même Gustav, qui l'avait tout d'abord considéré d'un œil soupçonneux, en vint à le trouver « assez drôle ».

Ces réjouissances hélas furent de courte durée. La première semaine d'avril, Lilly et ses enfants rendirent visite à leur sœur et tante, à Darlington. Lilly donna deux jours de congés à la cuisinière et confia le soin de la maison à la femme de chambre. Gustav, sans s'opposer formellement à cette expédition, pria cependant sa femme de revenir rapidement, car « il n'aimait pas vivre sans elle dans cette maison ». Lorsque Lilly revint de Darlington, quatre jours plus tard, elle eut la surprise de trouver la femme de chambre sur le perron. La jeune femme se confondit en excuses. Elle avait pris sa soirée de la veille, avait bu à la taverne « un petit verre ou deux » et n'avait pas retrouvé ses clés. Elle avait donc passé la nuit chez son amie Dotty et, de retour à la maison, s'efforçait depuis un moment d'entrer. Elle avait beau sonner et frapper à la porte, M. Strauss ne répondait pas. Dès que Lilly put montrer à l'étage, elle en comprit rapidement la raison en suivant le fil électrique qui conduisait du palier à la salle de bain.

L'accident, conclut la police, s'était produit la veille au soir. M. Strauss avait branché l'un de ses coucous à la prise électrique du palier et l'avait installé sur le rebord de la baignoire pour pouvoir l'admirer. L'engin sans doute n'était pas bien calé, car il avait glissé dans l'eau et provoqué l'électrocution du malheureux inventeur. L'inspecteur avait également trouvé grand ouvert le secrétaire du salon. La clé était encore dans la serrure. Les papiers avaient été étalés sur la table mais, précisa Lilly, rien ne semblait manquer. L'inspecteur en conclut que M. Strauss avait dû chercher quelque chose dans ses papiers avant d'aller prendre son bain.

Lilly n'était convaincue par aucune de ces explications. Tout d'abord, Gustav, parfaitement informé du danger qu'il y a à manipuler un appareil électrique en milieu humide, n'aurait jamais introduit un de ses coucous dans la salle de bain. De plus, jamais il ne laissait son secrétaire ouvert. Quelqu'un avait dû prendre la clé dans la poche de sa robe de chambre, où elle se trouvait généralement. L'inspecteur avait retrouvé le peignoir en question suspendu à une patère dans la salle de bain – et n'était-ce pas le premier endroit qu'un intrus aurait fouillé avant de mettre la maison sens dessus dessous ? En conséquence, Lilly était certaine que le secrétaire avait été ouvert et fouillé par une autre personne que le défunt Gustav.

« De quelle nature étaient ces papiers ? s'enquit Holmes.

– Oh, des papiers relatifs à la famille et à la maisonnée, lui fut-il répondu. Tout ce qui concernait les affaires de l'inventeur – comptes, brevets et ainsi de suite – se trouvait à la manufacture Sauber. »

Les explications de Mme Strauss lui paraissant convaincantes, Holmes s'en fut à Birmingham.

Il commença par examiner le coucou fatal, qui ne ressemblait pas à ceux qu'il avait déjà vus sur au moins un point : le nom du fabricant ne figurait pas sur le cadran. Lilly, qui n'avait jamais vu ce spécimen, reconnut un des premiers modèles de la célèbre horloge – un prototype, peut-être, assemblé à la main.

Après quoi Holmes s'entretint longuement avec la bonne, qui se déclara « bien heureuse » de ne pas avoir été renvoyée, car elle était, cette nuit-là, « tombée vraiment bien bas ». Comme c'était son soir de congé, elle était allée avec son amie Dotty à la taverne – The Brickmaker's Arms. Oh, quelle soirée ! Il y avait tout le quartier, y compris ce rétameur français un peu « toqué ». C'est qu'ils avaient fait un joyeux bazar ! Après quelques verres de porto (« j'aurais du mal à vous dire combien, monsieur ») elle avait confié son réticule à

Dotty pour aller aux toilettes. Lorsqu'elle était revenue, Dotty dansait sur une table. Ce ne fut pas avant de partir qu'elle se rendit compte qu'on avait fouillé son sac et qu'on lui avait volé sa clé et quelque menue monnaie tout en lui laissant, curieux détail, le billet de dix shillings qui s'y trouvait.

« Le rétameur était-il encore dans les parages ? s'enquit Holmes.

– Non, répondit la bonne. Il s'était installé le lendemain de la mort de M. Strauss dans un autre quartier de Birmingham – non loin de la manufacture Sauber. »

Ce fut là que se rendit ensuite Holmes. Il trouva l'étrange artisan le nez dans son établi sur la place du marché et engagea conversation avec lui. Tout en parlant, Holmes, qu'on aurait dit saisi par le démon de la nervosité, ne cessait de changer de position. De fait, en observant discrètement le regard du rétameur, il comprit rapidement que la myopie du bonhomme n'était pas si prononcée qu'il le prétendait. Par ailleurs, il remarqua que le Français portait une belle chaîne de gousset en argent – accessoire incongru pour qui se prétend trop pauvre pour s'offrir des lunettes.

Holmes, s'étant adressé à l'homme en français (langue qu'il parlait couramment), apprit ceci : le rétameur, originaire de Saint-Jean-de-Monts, en Vendée, avait dû quitter son pays, n'y trouvant pas assez de travail. S'il s'était installé en Angleterre, c'est que « c'est là qu'il y a de l'argent ». Conversation aimable que Holmes conclut d'un cordial adieu et de ce conseil exprimé en allemand.

« Et si vous venez à Londres, passez voir Mme Hudson : elle a certainement des casseroles à faire rétamer. »

L'homme lui lança un regard intrigué. Puis, un large sourire lui fendant le visage, il répondit dans la même langue qu'il ne manquerait certainement pas de saluer « M. Cottage » (tel était le nom qu'avait donné Holmes) s'il passait à Londres.

Mais comment se faisait-il, s'étonna Holmes, qu'un natif de Vendée puisse comprendre l'allemand ?

Ah ! Mais c'est qu'avant de s'installer à Birmingham, il avait vécu cinq ans à Hambourg, répondit le rétameur.

Bizarre, bizarre, songea Holmes. Le détective polyglotte s'était adressé au Français en *Schweizerdeutsch*, dialecte suisse alémanique que l'on ne parlait certainement pas à Hambourg.

Holmes se rendit au commissariat le plus proche pour prier qu'un agent de police « solidement bâti » monte la garde en sa compagnie dans les locaux de la manufacture Sauber, « qu'un individu projetait de cambrioler ».

La nuit même, à trois heures du matin, le rétameur vendéen fut arrêté et inculpé de tentative d'effraction – et de bien d'autres violations de la loi.

Que s'était-il passé ?

10

L'AFFAIRE DU BUSTE GREC

Comme nous l'avons déjà remarqué, Sherlock Holmes n'était jamais si heureux que lorsqu'il se trouvait à Londres. Plus il s'éloignait de la métropole, moins il se sentait à son aise. Ce fut donc avec une extrême réticence qu'il accepta de se rendre à Athènes au printemps 1903. S'il entreprit ce long et pénible voyage, ce fut, suggèrent les notes de Watson, à la seule demande de son frère Mycroft, proche ami du couple qui requérait l'intervention urgente du célèbre détective.

Les Zitomir d'Arche, les amis de Mycroft, étaient des collectionneurs d'antiquités réputés. Grâce à la fortune du père de madame, amassée en Afrique du sud, les Zitomir avaient constitué la plus belle galerie européenne de bustes anciens authentiques représentant les grands philosophes grecs. Aristote, Socrate, Pythagore et vingt autres trônaient ainsi sur des socles doriques confectionnés sur mesure dans leur galerie de Leighton Abbey, leur somptueuse demeure du Lancashire. Il ne manquait qu'un Platon.

Quelle ne fut donc pas leur joie lorsqu'ils reçurent une lettre d'un archéologue amateur albanais : il avait exhumé un magnifique buste de Platon qu'il était tout disposé à leur vendre. Des photographies furent envoyées, un prix fixé. Le secrétaire de M. d'Arche, un jeune homme très capable qui avait, cinq ans plus tôt, décroché une bourse pour étudier l'histoire à Oxford, s'en fut en Albanie confirmer l'authenticité de la statue. Elle ne faisait aucun doute. Les Zitomir décidèrent de combiner leur achat avec de courtes vacances. L'archéologue albanais fit emballer et expédier le Platon à Athènes où les acheteurs devaient le récupérer. À la mi-avril, la famille d'Arche, accompagnée de ses domestiques, prit l'Orient Express pour Constantinople. De là, ils embarquèrent sur un yacht à vapeur qui devait les emmener à Athènes. Après une merveilleuse croisière dans les îles Égée, le bateau accosta au Pirée à la fin du mois. Le buste de Platon leur fut apporté à bord, sur le pont. M. d'Arche en personne ouvrit la caisse pour inspecter son achat. Le buste, déclara-t-il, était conforme en tous points à ses attentes. Il fit immédiatement câbler la somme demandée à l'archéologue ravi.

Le soir même, les d'Arche reçurent quelques connaissances à bord pour fêter leur acquisition. Puis le Platon fut remis dans sa caisse, laquelle mesurait environ un mètre de haut sur soixante centimètres de large et de profondeur et pesait, avec son précieux fardeau, une cinquantaine de kilos. Elle fut attachée par une solide corde aux épontilles du plat-bord.

À 5 h 45 le lendemain matin, les d'Arche furent réveillés par des coups violents sur la porte de leur cabine.

« Votre statue, monsieur-dame ! s'écria le capitaine, ses passagers s'étant étonnés de ce réveil brutal. Elle est partie ! Cette nuit, monsieur Platon, parti ! »

Holmes, accompagné d'un Watson en nage, débarqua à Athènes deux semaines plus tard. La police locale s'était, lui dit-on, pratiquement désintéressée de l'affaire. M. d'Arche avait l'impression – même si personne ne le lui avait dit en ces termes – que les autorités n'avaient nulle envie d'encourager le pillage de trésors anciens, fussent-ils albanais, dont la Grèce elle-même avait tant souffert. Malheureusement, ajouta-t-il, il faudrait au détective anglais se débrouiller seul.

« Seul ? répondit Holmes avec un fin sourire. Pas vraiment, car l'excellent Dr Watson est à mon côté. »

Remarque qui se révéla plus prophétique que Holmes ne le pensait.

Après qu'on lui eut exposé les circonstances de la disparition de Platon, Holmes estima qu'il était impossible que la statue se soit volatilisée sans l'assistance – ou du moins la complicité passive – d'un des passagers du yacht. On lui présenta la liste des personnes présentes à bord la nuit du vol :

M. et Mme d'Arche

M. John Harper, secrétaire de M. d'Arche

Mlle Philippa Bannon, secrétaire de Mme d'Arche
Thomas Plumber, majordome des d'Arche
Ethel Whistler et Lillian Argot, femmes de chambre anglaises
Le capitaine Galanos, son chef mécanicien et deux marins grecs

Holmes s'entretint avec toutes ces personnes, utilisant les services d'un interprète pour le chef mécanicien et les matelots. Ne manquait à son tableau de chasse que John Harper, qui avait déjà repris la route de Londres pour préparer le retour des d'Arche à Londres.

Lors de sa conversation avec Mme d'Arche, cette dernière confia au détective «en toute discrétion, monsieur» qu'elle suspectait une «tendresse réciproque» entre Harper et sa secrétaire, «Philippa – si charmante, si intelligente, si délicate».

«Je ne serais pas surprise d'apprendre qu'ils annoncent leurs fiançailles un de ces jours proches. Mais je vous avouerais qu'au vu de leurs salaires respectifs, ajouta-t-elle avec un soupir, je ne sais pas comment ils peuvent même y penser.»

Ah, opina Holmes. Et qu'en était-il de l'intelligence de Mlle Bannon?

Eh bien, expliqua la dame, Mlle Bannon avait «le nez constamment plongé dans les livres – surtout les livres d'histoire». Elle en savait autant sur la Grèce antique que M. d'Arche. Quand on les écoutait converser, M. Harper et elle, on avait «vraiment l'impression de se retrouver à l'université».

Après ces quelques entretiens poussés, Holmes demanda à examiner toutes les lettres et télégrammes que les passagers avaient envoyé et reçu du yacht depuis le départ de Constantinople. Bien que répugnant d'abord à lui transmettre leur correspondance privée, les d'Arche accédèrent à la demande du détective lorsque ce dernier leur eut objecté que sans leur pleine et entière collaboration, il se déferait de l'enquête.

Holmes passa deux heures à consulter la correspondance demandée, ce qui lui permit d'isoler deux télégrammes relatifs aux trains que les d'Arche devaient prendre pour rentrer à Londres : le premier expédié par Mlle Bannon, le second constituant la réponse de M. Harper.

Mlle Bannon avait expédié le message suivant :

«TOUT VA BIEN STOP HOLMES ENQUÊTE STOP SUGGESTIONS POUR LE PARIS BOULOGNE STOP 15h25 15h71 14h15 04h80 17h08 18h54 18h15 12h63 18h98 16h45 16h50 13h88 18h27 12h98 04h26 18h79 17h06 18h12 16h42 17h09 18h05»

Et M. Harper avait répondu :

«MERCI POUR LE MESSAGE STOP TOUT EST PRÊT POUR RETOUR ARCHE STOP HORAIRES PLUS AVANTAGEUX STOP 17h04 16h43 18h49 18h76 17h75 03h33 17h99 17h00 18h09 13h46 12h17 04h89 12h65 17h98 17h59 16h58 18h07 18h13 02h06 18h63 10h66 14h61 18h00 13h32»

Watson fut si content du rôle qu'il avait joué dans la suite des opérations qu'il nota en détail la conversation qu'il avait eue avec Holmes.

«Comme il n'existe pas d'horloge qui dépasse les soixante minutes, ce ne sont pas des horaires de train, grommela le détective. Ce ne peut être qu'un code. Watson, qu'en pensez-vous ?

– Mon cher Holmes, vous ne vous attendez tout de même pas à ce que je trouve la solution ! Pour ne pas vous mentir, j'ai l'impression d'avoir un cours d'histoire sous les yeux.»

Holmes scruta les télégrammes avec une intensité redoublée.

« Par tous les dieux, Watson ! articula-t-il à voix basse. Je crois que vous êtes dans le vrai ! Des dates ! Merci infiniment, mon cher vieil ami. Eh bien ! Voyons à quels événements correspondent ces dates. »

Holmes et Watson décodèrent les télégrammes à l'aide d'une série de livres d'histoires empruntés à la petite bibliothèque de Mlle Bannon. Puis le détective s'entretint avec M. d'Arche et s'en fut sur la terre ferme envoyer un télégramme à Scotland Yard. Lorsque les collectionneurs et leur maisonnée – hormis Mlle Bannon – rentrèrent à Leighton Abbey, leur Platon les y attendait en parfait état.

Qu'avait donc appris les télégrammes à Holmes pour qu'il puisse résoudre la disparition du buste ?

11

Le Mystère des philatélistes disparus

Comme les lecteurs assidus des aventures de Sherlock Holmes le savent certainement, la respectabilité dont la Grande-Bretagne de la fin du règne de Victoria se targuait n'était qu'un mince vernis dissimulant de fait les pires excès, les pires débauches. Nul ne connaissait aussi bien ces bas-fonds hauts en couleur que Holmes, et c'est parce qu'il comprenait les motivations de ses concitoyens les plus excentriques qu'il put résoudre une affaire qui avait déconcerté les meilleurs inspecteurs de Scotland Yard – à savoir, le « Mystère des philatélistes disparus ».

En juin 1886, les quotidiens de Londres ajoutèrent à la liste déjà longue des personnes recherchées le nom de Jack Durrant, « employé, marié, habitant la paroisse de Newington ». Pas un détail de plus : et ces disparitions étaient si courantes que la police de Londres ne s'en émut pas. Si Holmes, à cette époque, avait lu la dépêche, il n'en fit pas part à son fidèle chroniqueur.

La même année, début septembre, la police montra un intérêt bien plus conséquent lorsque Gregory Billings se volatilisa à son tour. En effet, Billings était, comme Durrant, « employé, marié et habitant la paroisse de Newington ». Cette étrange coïncidence attira l'attention de la presse et fit jaser la clientèle du Golden Swan, Cranbury Street : c'était là que les deux hommes se rencontraient fréquemment et là aussi qu'ils avaient été vus ensemble la dernière fois. D'après leurs épouses respectives, ils avaient un autre point commun : philatélistes passionnés, ils étaient membres fondateurs de la Newington Stamp Society, qui louait une salle à l'étage du Golden Swan pour ses rencontres.

Holmes remarqua également la disparition de ces deux philatélistes mariés de Newington. Mais hormis une remarque sarcastique sur les dangers de la philatélie, il ne fit pas montre devant Watson de la moindre inclination à se soucier de l'affaire.

Deux mois plus tard, ni Durrant ni Billings n'avaient réapparu. En revanche, la rumeur se répandit parmi la clientèle du Golden Swan que les deux hommes avaient filé à Tahiti, où, disait-on, les belles filles se jetaient avec enthousiasme dans les bras du premier homme venu, pourvu qu'il soit étranger. John Coleman, le dernier membre régulier de la Newington Stamp Society, trouvait ces suggestions absurdes. Leurs auteurs ne connaissaient pas ses amis, déclara-t-il.

Cependant, lorsqu'on le pressait d'offrir une autre explication, il fronçait les sourcils, admettait qu'il n'en avait aucune mais qu'assurément « quelque chose ne tournait pas rond ».

Le 5 novembre, John Coleman vit son pressentiment se réaliser. Malheureusement, il ne put en faire part à quiconque, car il se volatilisa, comme ses deux amis, en rentrant du Golden Dawn. Cette fois-ci, l'affaire fut traitée par la presse nationale et Scotland Yard envoya deux inspecteurs à Newington. Le lendemain, Holmes, que ces disparitions intriguaient, invita Watson à se joindre à une « petite escapade à Newington ». Bientôt les deux hommes eurent franchi Southwark Bridge en fiacre.

Lestrade, de Scotland Yard, s'était déjà mis au travail. Il avait interrogé la tenancière du Golden Swan et quelques clients réguliers, sans parvenir pour autant à la moindre conclusion. Watson note que Holmes croisa l'inspecteur dans la rue et qu'il lui offrit ses services « d'assistant invisible ». Lestrade déclina poliment mais fermement : il n'avait besoin de personne pour mener l'enquête.

Holmes prit cette rebuffade avec philosophie. Plutôt que de rentrer à Baker Street, il arpenta les trajets qu'avaient commencé à suivre les disparus du Golden Swan à leurs domiciles respectifs. Les quatre cents premiers mètres étaient communs aux trois : ils avaient longé une cour sombre à l'infecte odeur et contourné un gazomètre rouillé avant de se séparer devant le parvis d'une bâtisse de style oriental – construction neuve de brique et de stuc qu'une inscription

désignait comme « Le Temple du Christ Révélé ». Une pancarte posée près du porche indiquait aux passants que le présent pasteur du temple était le Très Révérend Jeremiah St John Woolfstein, « prêcheur de renommée mondiale venu des États-Unis d'Amérique pour sauver des âmes dans cette capitale du péché ».

Watson précise que Holmes lut cette pancarte avec attention avant de revenir vers le Golden Swan. Dix mètres avant l'entrée de la cour, sa progression fut bloquée par une petite foule. En son sein se dressait le révérend Jeremiah Woolfstein en personne, juché sur une caisse. Il menaçait la foule des pires plaies de la Bible et d'une effroyable damnation, proclamant que ceux «qui n'entendraient point ses paroles seraient punis, comme le décrit le livre de Notre Seigneur Dieu.» À moins que les Londoniens ne se repentent de leurs odieux péchés et ne renoncent à leur vie de crime, les prévenait-il, «le Seigneur Dieu n'hésiterait pas à détruire leur ville comme il l'avait fait de Sodome et Gomorrhe.»

«Quel tombereau d'insanités, s'écria une femme. Rentrez donc en Amérique!»

Le prêcheur pointa vers elle un doigt vengeur.

«Babylone est tombée! Elle est tombée, Babylone la grande, tonna-t-il. Elle est tombée car elle a fait goûter à toutes les nations le vin de la colère de sa luxure!»

Et, sa voix adoptant d'hystériques aigus, il ajouta :

«Lis le Livre de la révélation, ô pécheresse! C'est là que sont décrits les tourments des incroyants!»

Quelques auditeurs des deux sexes manifestèrent leur désaccord. Woolfstein n'avait aucunement le droit d'insulter cette honnête femme. Sentant qu'il s'aliénait les sympathies de la foule, il changea de stratégie. Avec un grand sourire, il écarta les bras et déclara que s'ils voulaient bien suivre le chemin de Dieu, «celui qui conduit directement du Temple du Christ révélé au Paradis», toutes les honnêtes gens de Londres seraient sauvées.

Ce qu'entendant, rapportait Watson, Holmes secoua la tête, rebroussa chemin et entra dans la librairie la plus proche. Il informa le maître des lieux qu'il était à la rechercher d'une «consolation spirituelle» : et pouvait-il en conséquence consulter quelques ouvrages de la section Religion ? Le libraire ne s'y opposa pas.

Trois jours plus tard, le 9 novembre, le mystère des philatélistes disparus tourna au fait-divers le plus atroce. Les habitants de la paroisse de Newington apprirent au petit matin que les cadavres des trois hommes avaient été retrouvés dans Colombo Street, près de Newington Butts. Ils y avaient été déposés dans la nuit et adossés tous trois en position assise à des lampadaires. Si les corps de Durrant et de Billings étaient déjà fortement décomposés, il était manifeste que les trois malheureux avaient été horriblement mutilés avant ou après leur mort.

Peu après le petit déjeuner, un Lestrade visiblement éprouvé se présenta au 221B Baker Street pour quémander l'assistance du grand détective.

« Holmes, je savais que les collections de timbres peuvent atteindre des prix incroyables, mais de là à provoquer trois meurtres... »

Lestrade, qui n'avait aucune piste, était confronté à une opinion publique qui « exigeait que les auteurs de ces crimes atroces soient arrêtés sans retard et traîné devant leurs juges. »

Holmes consentit à venir en aide au pauvre Lestrade. L'œil pétillant, il déclara que s'il ne pouvait garantir le moindre succès, il avait une ou deux petites idées sur la question.

Avant toute chose, il lui fallait aller voir les cadavres des malheureux. Les côtes et le sternum de Jack Durrant avaient été fracturés en plusieurs endroits, indiquant que le corps avait pu être écrasé sous un poids colossal. La dépouille déjà très décharnée de Gregory Billings semblait intacte mais, en examinant ses poignets à l'aide d'une loupe, Holmes constata qu'ils étaient percés de trous minuscules. Enfin, il lui suffit d'un regard au corps de John Coleman pour comprendre la cause de sa mort. Les pieds et les mollets du malheureux étaient carbonisés et il avait dû, à en croire le rictus d'indicible épouvante qui convulsait ses traits, mourir dans d'horribles souffrances.

En sortant de la morgue, Holmes se rendit dans une bibliothèque de quartier et s'absorba dans la lecture des dernières pages d'une énorme Bible du Roi James. Il recopia quelques versets sur un bout de papier, sans oublier leurs références, et revint à Newington. Il lui fallait cette fois-ci s'entretenir avec les veuves des défunts, pénible tâche. Il put, en dépit des larmes des dames et de ses propres expressions de sympathie, extraire de ces discussions les réponses dont il avait besoin. Jack Durrant avait disparu le mercredi 16 juin au soir. D'après Mme Durrant, il avait assisté à une réunion de la NSS – la Newington Stamp Society – au Golden Swan. Quant à sa collection de timbres, qu'il conservait dans une sacoche en cuir et qu'il n'avait jamais montrée ni à sa femme, ni à ses enfants, elle avait disparu. Comme Mme Durrant l'avait déjà expliqué à l'inspecteur Lestrade, sans doute avait-elle été dérobée par l'assassin de son mari.

Les réponses de Mme Billings étaient similaires. M. Billings avait quitté son domicile le dimanche 5 septembre pour assister à une réunion de la NSS au Golden Swan et n'était jamais revenu. Sa collection de timbres, que sa femme n'avait jamais vue mais que son mari transportait toujours dans un grand sac en toile, s'était également volatilisée.

En allant chez Mme Coleman, Holmes rencontra le Dr Watson.

« La corde se resserre autour du cou du malfaiteur, lui confia-t-il d'un ton grave. Il me suffit de deux autres éléments pour être en mesure de remettre mes conclusions à Lestrade, qui pourra procéder aux arrestations. »

Mme Coleman, dont l'époux n'avait disparu que trois jours plus tôt et qui venait tout juste d'apprendre les circonstances atroces de sa mort, était trop affectée pour discuter avec quiconque de son John bien-aimé. Fort heureusement, la sœur aînée de la pauvre veuve, Mme Winnifred Pollard, qui habitait à deux pas de chez les Coleman, se montra plus bavarde. Oui, elle était au courant des activités de son beau-frère à la NSS et des réunions au premier étage du Golden Swan. Non, à sa connaissance, Mme Coleman n'avait jamais montré d'intérêt pour les timbres et n'avait jamais vu la collection. M. Coleman les emportait à toutes les réunions dans une mallette en vachette.

Holmes remercia Mme Pollard de sa contribution et s'en fut d'un pas rapide au Golden Swan. La tenancière, une anglicane très pieuse qui refusait de servir de l'alcool le dimanche et les jours saints, fut ravie de pouvoir répéter à Holmes ce qu'elle avait déclaré à Lestrade. Elle avait loué sa salle du premier étage à la NSS pour deux shillings par mois. Les trois philatélistes étaient d'une grande discrétion et ne lui avaient jamais causé le moindre souci.

N'avait-elle jamais vu leurs collections de timbres ?

Non, ces messieurs faisaient toujours de leur mieux pour ne rien laisser voir de leurs précieux volumes. Un jour qu'elle était montée leur proposer du thé, interrompant leur réunion, M. Coleman n'avait pas hésité à lancer sa veste sur la table pour dissimuler ce qui s'y trouvait.

N'avait-elle pas trouvé ce comportement singulier ?

« Ah, peut-être, oui, confessa la bonne dame. Mais pas plus que cela : ils étaient si gentils, ces messieurs ! D'ailleurs, il y a quelque temps, ils m'ont rendu un fier service ! »

Que voulait-elle dire ?

Eh bien, début juin, raconta-t-elle, peu après son arrivée en Angleterre, le révérend Woolfstein avait inauguré son œuvre missionnaire à Londres par des sermons délivrés en face du Golden Swan. Le pub, tonnait-il, était un repaire d'iniquité, un marécage peuplé d'ivrognes et de gourgandines, dirigé par la servante sans vergogne de l'antéchrist du Vatican.

La tenancière était sortie et lui avait demandé de bien vouloir débiter ses sornettes ailleurs. Le refus catégorique du prêcheur, entrelardé d'invectives bibliques, n'échappa pas aux trois messieurs de la NSS qui venaient d'arriver à la taverne pour l'une de leurs réunions. Ils se portèrent immédiatement au secours de la dame. Ils se moquèrent du prêcheur en l'accablant de versets de la Bible, ce qui étonna fort la tenancière, car elle n'avait jamais rencontré aucun des philatélistes à l'église. Après ce violent échange de saintes insultes, Woolfstein descendit de son piédestal et s'éloigna. Billings, se souvenait la tenancière, essaya même de lui fourrer un tract entre les mains. Le prêcheur américain y jeta un coup d'œil avant de fusiller ses persécuteurs du regard et de se réfugier dans son temple. Les preux philatélistes, disait la dame, continuèrent leur distribution de tracts devant le Golden Swan.

« Mais qu'était-ce que ces tracts ? » demanda Holmes.

Elle ne les avait pas bien vu mais supposait qu'il devait s'agir de publicités pour la société philatélique, car ils étaient tous frappés du signe NSS.

« Ah, dit Holmes, vous m'avez été d'un grand secours. »

Une demi-heure plus tard, après avoir vérifié quelles organisations utilisaient également l'acronyme NSS, il se rendit à Scotland Yard et conseilla à Lestrade de procéder à l'arrestation du révérend Woolfstein et de ses acolytes, ainsi qu'à une fouille minutieuse du Temple du Christ révélé.

Trois mois plus tard, le révérend et trois membres de sa congrégation furent pendus pour l'enlèvement et le meurtre des trois philatélistes.

Comment Holmes avait-il pu déduire la culpabilité du prêcheur et de ses complices ?

12

UNE HISTOIRE DE BANANES

La plupart des affaires traitées par Holmes lui parvenaient directement, en général par le biais d'une visite, d'une lettre ou d'un télégramme. « Une affaire de bananes » fait exception. Ce fut Holmes qui décida de s'intéresser à la chose – conséquence de l'habitude qu'il avait de parcourir longuement tous les matins la presse du jour.

Ce fut ainsi qu'il put lire dans le *Daily Chronicle* du jeudi 29 août 1895 la dépêche suivante :

Une mort accidentelle

M. William Dennis, coroner, estime accidentel le décès du Dr Robert Matteson. Cela ne surprendra guère nos lecteurs. Sans doute se souviendront-ils que le Dr Matteson, praticien enthousiaste des « régimes santé » qu'il n'a cessé de défendre, consommait régulièrement des fruits exotiques importés des colonies. Le jour de sa mort, il avait reçu une caisse contenant plusieurs régimes de bananes de la Jamaïque. Deux jeunes araignées venimeuses s'y étant introduites à l'insu de tous, elles voyagèrent avec les fruits et furent débarquées à Tilbury. Le Dr Matteson eut l'extrême malchance, en détachant un fruit de son régime, de voir sa main entrer en contact simultanément avec les deux créatures. Si la morsure de l'araignée-banane n'est pas toujours mortelle pour l'homme adulte, un double assaut ne peut que provoquer une issue fatale. Ce fut le cas pour le Dr Matteson qui succomba dans l'heure.

Histoire triste mais banale, avait tout d'abord noté Watson. Holmes quant à lui se mit en chasse. Il résulta de ce travail de limier une double arrestation : la femme du Dr Matteson, Dorothy, et l'amant de cette dernière, George Gilbertson. Jugés coupables, ils furent tous deux pendus.

Watson, une fois de plus abasourdi par les pouvoirs de déduction de son célèbre ami, lui demanda ce qui avait motivé une telle contre-enquête.

Holmes lui décocha un sourire narquois et, tout en allumant sa pipe :

« Élémentaire, mon cher Watson. Relisez donc l'article. »

13

Le Meurtre de la chambre 327

Le vendredi 14 mars 1879, le jeune Sherlock Holmes sortait de Scotland Yard après une réunion avec Lestrade lorsqu'il fut accosté par un autre inspecteur, un homme d'un certain âge du nom de Douglas Grimes.

Grimes, blanchi sous le harnais, taquina gentiment le jeune Holmes.

« J'en ai, des choses à vous apprendre, jeune homme ! se rengorgeait-il. Personne ici ne connaît mieux que moi les bas-fonds de la capitale. Holmes, sans me vanter… Il me suffit parfois d'un seul regard sur les lieux du crime pour comprendre la solution. Tenez, mon affaire du moment… Je sais déjà à peu près comment les choses se sont déroulées. Et si vous veniez avec moi, que je vous montre comment on mène l'enquête chez nous ? »

Holmes par la suite confia à Watson qu'il avait accompagné l'inspecteur pour comprendre comment *il ne fallait surtout pas* mener une enquête.

En chemin, le corpulent inspecteur donna à son cadet un rapide aperçu de l'affaire. Le matin même, Albert Higginbottom, un fabricant d'armes de Sheffield, marié, trente ans, avait été retrouvé mort dans la chambre 327 du Royal Staffordshire Hotel, derrière Soho. Une baïonnette – qui provenait de sa propre manufacture – avait été enfoncée dans sa gorge avec une telle force qu'après avoir tranché la carotide, l'arme s'était fichée entre deux de ses vertèbres cervicales.

Le docteur qui avait constaté le décès l'avait jugé instantané. Higginbottom portait de profondes estafilades à la joue et à la main gauche, mais elles lui avaient été infligées trente-six à soixante-douze heures plus tôt, bien avant le fatal coup de baïonnette. Puis, ayant soulevé la chemise de nuit du mort d'un geste rapide, le praticien put ajouter que le défunt était syphilitique.

Le portefeuille de Higginbottom contenait, outre une certaine somme d'argent – le motif du crime n'était donc pas le vol – une photographie froissée qui le représentait en costume sombre, debout près d'une jolie femme en robe de mariée et d'un élégant jeune homme. Ces deux inconnus, qui se tenaient par la main, se ressemblaient tant de corpulence et d'apparence – cheveux blonds et raides, visages d'une naïveté presque enfantine – qu'on les aurait crus jumeaux. Une date, 21 juillet 1878, était griffonnée au crayon rouge au dos du cliché.

Le portefeuille contenait en outre une facture datée du 8 mars et établie par le Dr James Gumpert, du 25 Ribble

Mansions à Sheffield, pour une « réduction de fracture à l'avant-bras ». Membre qui n'appartenait pas au défunt, dont les bras, confirma le médecin légiste, étaient intacts.

Il n'y avait que des vêtements dans la valise du mort et, dans sa mallette, un catalogue de la fabrique Higginbottom et une lettre signée d'un certain M. Mustafa Tekin et concernant un rendez-vous au Midland Grand Hotel le 12 mars pour y discuter de l'achat de cinq cent mille cartouches.

Holmes et Grimes apprirent en arrivant à l'hôtel que le corps avait été transféré à la morgue. Ses bagages étaient encore entreposés dans la chambre. Tandis que Grimes interrogeait le réceptionniste en poste au moment du drame, Holmes examina la baïonnette et le catalogue.

Un examen à la loupe lui fournit le numéro de série de l'arme, Hig n° 11 004 69. Le catalogue lui apprit que la série 11 006 à 15 000 était « épuisée » et que, précisait une note de bas de page, les numéros 11 000 à 11 005 étaient des échantillons commerciaux « non destinés à la vente » ; par ailleurs, les établissements Higginbottom ne fabriquaient plus de baïonnettes depuis 1876.

Holmes retrouva dans un bureau situé à l'arrière de la réception Grimes, aux prises avec un portier de nuit visiblement troublé. Oui, l'homme connaissait « assez bien » le défunt Higginbottom, ce monsieur ayant séjourné récemment à plusieurs reprises dans l'établissement. Il y restait en général trois nuits ; une jeune femme lui rendait invariablement visite dans sa chambre au moins une fois par séjour. Elle était toujours voilée, portait un long manteau, se présentait à la réception vers 11 heures et ne repartait que trois ou quatre heures plus tard. Elle ne manquait jamais de donner une demi-couronne au portier – « sauf hier soir, messieurs ».

Grimes s'épongea le front et questionna l'homme sur la veille au soir. La dame était bien venue, mais plus tard que d'ordinaire, vers minuit. Elle n'était restée qu'un quart d'heure.

Lui avait-il adressé la parole ? Non, elle s'était faufilée dans le vestibule tandis qu'il lisait le *Evening Standard*. Il avait juste eu le temps de la voir disparaître dans l'escalier. Elle était partie très rapidement, oubliant de ce fait son habituel pourboire.

Grimes de nouveau s'épongea le front. Le réceptionniste avait-il l'adresse de la dame ? Le portier rougit.

« Ne jouez pas au plus malin », gronda Grimes.

La justice, ajouta-t-il sans grande subtilité, ne plaisantait pas avec le proxénétisme. Le portier s'empressa de préciser que l'établissement se faisait fort de satisfaire les besoins de ses clients, qu'il connaissait une dame qui faisait des travaux de blanchisserie et qu'il s'agissait peut-être de la personne que cherchaient ces messieurs.

Alors que Holmes et son compagnon quittaient l'hôtel, un agent de police apparut, un télégramme à la main. Il était signé de Mme Higginbottom.

« Ah, fit Grimes, auquel le message était adressé. Comme nous avions besoin de quelqu'un pour identifier le corps – une procédure indispensable, Holmes, in-dis-pen-sable ! –, je l'ai priée de se rendre le plus vite possible à Londres pour une affaire concernant son époux. Voyons ce qu'elle me répond… Ah :

MES EXCUSES NE PEUX VOYAGER STOP
GRIÈVEMENT BLESSÉE SUITE ACCIDENT FIACRE
STOP MON FRÈRE TOM ME REPRÉSENTERA
STOP NE SAURAIT TARDER STOP ARRIVERA
PAR TRAIN CE SOIR ST PANCRAS STOP
AGNES HIGGINBOTTOM.

Un beau-frère, décréta Grimes, ferait aussi bien l'affaire qu'une épouse. Puis il pria Holmes de l'accompagner : il avait décidé de se rendre chez la « lavandière » pour procéder à son arrestation. Ce qui fit sursauter Holmes, lequel déclina l'invitation : il avait à faire de son côté.

Après avoir télégraphié au Dr Gumpert et au commissariat central de Sheffield, Holmes se rendit dans les toilettes de la gare de St Pancras. Il commença par la partie hommes et discuta longuement avec l'employé des singularités de sa fonction.

« Vous devez en voir de belles, certains jours !

– Je ne vous le fais pas dire, lui fut-il joyeusement répondu. Tenez, pas plus tard qu'hier, j'ai vu passer un garçon joli comme une fille. Il a filé dans un des cabinets avec sa grosse valise et il est ressorti habillé en femme ! »

Cette intéressante métamorphose s'était produite vers onze heures du soir. L'homme était blond, petit et il avait fait sa réapparition vêtu d'un long manteau de couleur sombre et d'un voile. Holmes remercia l'employé de ce « fascinant témoignage sur la nature humaine » et s'en fut du côté des dames.

La maîtresse des lieux se révéla moins causante. L'employée de service la veille au soir était rentrée chez elle et sa collègue ne se fiait guère à ce jeune homme qui rôdait sur son territoire en essayant de lui tirer les vers du nez. Après avoir résisté aux assauts verbaux de Holmes pendant cinq minutes, elle finit par lui expliquer qu'il y avait eu du grabuge ces derniers temps – « un travesti habillé en femme qui s'est introduit ici ce matin pendant que la pauvre Marj avait le dos tourné ». De sorte que si Holmes « ne fichait pas le camp immédiatement », elle appellerait la police.

Le jeune détective lui présenta toutes ses excuses, la remercia de son aide et prit aussitôt congé. Sur le chemin de Scotland Yard, il passa par Baker Street pour récupérer les réponses à ses télégrammes. RIEN DANS NOS RAPPORTS OU DOSSIERS, expliquait le commissariat central de Sheffield. Quant au Dr Gumpert, il était encore moins encourageant : NE PEUX DONNER AUCUNE PRÉCISION SUR PATIENTS À INCONNUS STOP SURTOUT CONCERNANT DAMES STOP MES EXCUSES.

Grimes attendait son jeune «élève» au Yard avec le sourire béat d'un angelot obèse.

«Je vous l'avais dit, Holmes : cette affaire est claire comme de l'eau de roche. N'oubliez jamais la leçon du vieux Grimes :

dans presque toutes les affaires, il faut chercher la femme, – la mauvaise femme. En l'occurrence, Maggie Jones. »

Maggie Jones, menottes aux poignets, avait parlé. Oui, elle rendait régulièrement visite à Higginbottom lorsque ce dernier passait à Londres. Mais elle niait l'avoir vu dans la chambre 327 la veille au soir. Un jeune homme au visage d'enfant et au fort accent du nord était passé la voir et lui avait expliqué que son ami M. Higginbottom n'aurait pas besoin de ses services ce soir-là, tout en lui remettant une généreuse compensation.

Cette entrevue avait-elle eu des témoins ? lui avait demandé Grimes. Non. Avait-elle un alibi ? Non. Sans doute avait-elle eu avec le fabricant d'armes une conversation désagréable – l'argent, sans aucun doute – qu'elle avait interrompu d'un vigoureux coup de baïonnette, Higginbottom refusant de rétribuer ses services à leur juste valeur. Et pourquoi laisser un pourboire au portier alors qu'elle-même n'avait pas été payée ? Quant à l'argent venu du mystérieux jeune homme, c'était exactement, jugea Grimes, « le genre de fariboles que ce genre de fille concocte. »

« Certes, c'est souvent le cas, dit Holmes. Mais dans cette affaire, il me semble que la jeune femme dit vrai. Grimes, vous n'avez pas arrêté la bonne personne. »

Sur quelles preuves Holmes basait-il cette affirmation et qui pouvait bien avoir assassiné le fabricant d'armes de Sheffield ?

14

L'Auriculaire de l'escroc

Umbrigg Vaultson, note Watson, ne manquait pas d'ennemis. D'après un ami du docteur qui travaillait à la City, ce millionnaire autodidacte avait fait fortune en convainçant des centaines de citoyens ordinaires d'investir toutes leurs économies dans une affaire baptisée non sans optimisme le « Générateur de richesses pour l'homme du commun ». De quelle manière Vaultson pouvait-il enrichir qui que ce soit hormis sa propre personne, nul ne le sut jamais exactement. Lorsque la bulle creva en 1889, provoquant la ruine de centaines de souscripteurs, quelques sages de la City secouèrent la tête : ils l'avaient vu venir, ce désastre !

Vaultson, que cette ruine n'affectait pas, s'était offert deux luxueuses résidences, l'une au 14 de Berkeley Square, à Londres, et l'autre dans le Hertfordhsire, près de Berkhamsted. Pendant quelque temps, il sembla avoir fort bien survécu au naufrage de son Générateur de richesse. Puis, le 23 février

1889, tandis qu'il se rendait en voiture à Fortune Towers, son manoir néo-gothique en pleine campagne, il fut enlevé.

L'attaque avait été soigneusement planifiée. À la sortie d'un tournant de l'allée bordée d'arbres, trois hommes à cheval avaient surgi devant le carrosse de Vaulston. L'un avait monté la garde tandis que les deux autres, pistolets à la main, ouvraient la porte du véhicule pour en extraire le millionnaire.

C'était à ce moment qu'une carriole transportant les malles de Vaultson était apparue dans l'allée, derrière les malfaiteurs. Lesquels ne l'avaient pas prévu : d'ordinaire, les bagages précédaient de quelques heures le maître. Les bandits paniquèrent.

Tandis que deux d'entre eux, les plus grands, forçaient Vaultson à se coucher sur la selle d'un cheval qu'ils avaient amené et l'assommaient d'un violent coup de crosse, le troisième homme sortit deux bouts de papier de la poche de sa veste et les déposa sur la banquette du carrosse. Puis, le juron aux lèvres, il revint s'emparer d'une de ces feuilles – mais ses complices ne lui en laissèrent pas le temps.

« On file, vite ! »

Et les trois kidnappeurs disparurent dans les ténèbres, emportant le millionnaire évanoui.

Le cocher et le domestique qui accompagnaient Vaultson recouvrirent leurs esprits et se penchèrent sur les documents abandonnés par les bandits. Le premier était une demande de rançon en bonne et due forme, composée à l'aide de lettres découpées dans le *Daily Telegraph* collées sur une feuille de cahier. Les malfaiteurs exigeaient cinquante mille livres en espèce. Si la famille prévenait la police ou refusait de régler cette somme dans la semaine qui suivait, le prisonnier serait mis à mort.

Sur le deuxième bout de papier figuraient ces deux lignes

TDEPOARFMURIITGGVFH
EETUTFERIIESNVND

accompagnées d'un dessin représentant un club de golf bois 1.

La femme et les deux fils de Vaultson ne prêtèrent pas attention à ce message – n'était-ce pas un simple brouillon de la demande de rançon ? – non plus d'ailleurs qu'à la demande elle-même. Jusqu'à ce que, une semaine après l'enlèvement, un paquet sans adresse d'expéditeur leur soit envoyé à Fortune Towers. Il contenait le petit doigt du millionnaire, coupé au niveau de la première phalange, ainsi qu'un nouveau message constitué à l'aide de lettres découpées et signalant à la famille que faute de rançon, d'autres parties du corps de Vaultson subiraient le même sort.

Le lendemain, Mme Vaultson et son fils aîné requirent l'assistance de Sherlock Holmes. Même si le célèbre détective n'avait guère de sympathie pour l'escroc, il en avait encore moins pour les kidnappeurs. Il poursuivit son enquête dans le plus grand secret après s'être assuré d'une généreuse rétribution.

Le second message attira immédiatement son attention. Après avoir considéré un certain temps l'énigmatique cryptage, il mit à contribution son cerveau, un crayon, du papier, des ciseaux – et un club bois 1. En résulta un télégramme à Mme Vaultson. Avait-elle à son service un nommé Douglas ? s'enquérait-il. La réponse fut presque instantanée. Depuis six mois, un dénommé Douglas Telford occupait le poste de précepteur du fils cadet des Vaultson.

« Ce qui signifie, mon cher Watson, déclara Holmes avec un sourire ironique, que nous sommes sur le point de conclure cette détestable affaire. »

Qu'avait-il découvert ?

15

Les Chefs-d'œuvre disparus

Watson avait longtemps considéré Holmes comme manquant singulièrement de culture artistique. L'affaire du chien des Baskerville le fit changer d'avis, le détective ne s'étant pas mépris sur la paternité de quelques œuvres célèbres. Raison pour laquelle le bon docteur ne fut pas réellement surpris d'apprendre qu'un haut fonctionnaire de la cour royale avait requis l'aide de Holmes dans une affaire de vol de tableau. Quatre toiles du XVIIe siècle dont la valeur totale dépassait les cent mille livres avaient disparu de Windsor Castle.

À la demande du prince de Galles, l'affaire n'avait pas été ébruitée. Ce qui n'empêchait pas les douaniers de tous les ports anglais d'être sur le qui-vive. Il leur avait été demandé en particulier de fouiller les bagages de tous les collectionneurs d'art en partance de Grande-Bretagne.

Holmes avait obtenu les détails suivants : les quatre toiles, richement encadrées, représentaient toutes des nus féminins.

La plus petite mesurait, hors cadre, 1,07 x 0,45 m, la plus grande 2,44 x 1,67 m. Les deux autres étaient de la même taille, soit 1,41 x 1,14 m.

Le cambriolage était l'œuvre d'une équipe expérimentée qui avait officié de nuit, en graissant la patte d'un garde du château. Ces malfaiteurs, Holmes le savait, avaient nécessairement à l'esprit le nom d'un acheteur potentiel. Une fois le représentant de Windsor Castle reparti, le détective se plongea dans ses coupures de presse pour en extraire une liste de collectionneurs de Rembrandt, de Van Dyck et autres grands maîtres du XVIIe siècle.

Les quatre toiles étaient très certainement destinées à l'un de ces individus et les voleurs avaient agi sur ordre, raisonna Holmes. De surcroît, comme le nouveau « propriétaire » n'aurait certainement pas envie de les conserver dans une chambre forte, il ne pouvait s'agir d'une personne résidant en Grande-Bretagne. Holmes montra les quelques noms qu'il lui restait à un conservateur de la National Gallery. Sans rien révéler de l'enquête en cours, il demanda à son contact s'il y avait sur cette liste des individus qui avaient pour habitude d'acheter des œuvres en Grande-Bretagne pour les expédier à l'étranger. Il ne resta plus une fois la réponse obtenue que dix noms sur sa liste.

Que pouvait lui dire Scotland Yard des dix personnes en question ? Sept étaient inconnues des services de police. Les trois autres avaient eu maille à partir avec la justice. L'une d'entre elles, le duc de Capraia, un noble italien, avait été assassiné l'année précédente. Ne restaient plus à Holmes que ces deux commanditaires potentiels : Mme Hildeerena Granwerther (New Jersey) et le comte Lekszi Végh (Budapest).

Il se pouvait naturellement qu'ils soient innocents, ce que Holmes savait : mais comme il n'avait pas mieux à se mettre sous la dent, il se mit en quête de toutes les informations disponibles sur ces deux individus. Et plus le dossier s'étoffait, plus il était certain que l'un des deux avait commandité le cambriolage de Windsor.

La fortune de Mme Granwerther lui venait de son défunt mari, fabricant de rivets. Devenue veuve, elle avait littéralement décuplé son capital en s'adonnant à la spéculation immobilière, ne reculant, disait-on, ni devant l'extorsion de fonds, ni même le meurtre. Lorsque l'atmosphère de la côte est des États-Unis devint irrespirable pour cette énergique entrepreneuse, elle se retira à Paris et se consacra quelque temps à sa collection d'art et de mobilier ancien.

Les défis lui manquaient : deux ans plus tard, Mme Granwerther, ayant fait l'acquisition d'une résidence secondaire à Londres, s'imposa rapidement dans le secteur de l'immobilier en Grande-Bretagne. Les éternelles rumeurs réapparurent : Mme Granwerther ne reculait devant rien. Quant aux méthodes par lesquelles elle enrichissait son inestimable collection parisienne, elles semblaient tout aussi douteuses – si bien que les musées et maisons de vente un tant soit peu respectables se refusèrent bientôt à traiter avec elle. Cela n'étancha nullement son avidité esthétique.

Le comte Végh était beaucoup moins retors. Il n'avait jamais fait le moindre effort pour cacher le mépris que lui inspirait la loi, tant en Angleterre qu'en Hongrie. Propriétaire d'un immense domaine dans son pays natal, il ambitionnait de faire de son palais une « capitale artistique du monde ». Pour réaliser ce rêve, il avait mis à contribution sa fortune familiale, considérablement accrue par le commerce des armes – et, disait-on, des êtres humains – et achetait tableaux, meubles et tapisseries à qui voulait bien les lui vendre. La police italienne le soupçonnait d'être la cause de la disparition soudaine de quelques Raphael, Tintoretto et autres Titien des murs du Vatican. De même que Mme Granwerther, le comte était *persona non grata* dans les grands musées et maisons de vente de Londres.

Les bagages de ces deux collectionneurs seraient minutieusement fouillés à la douane, ce qu'ils savaient aussi bien que Holmes. Par quel moyen contourner cet écueil ? Il leur faudrait, raisonna Holmes, les dissimuler dans un endroit qu'aucun douanier n'aurait l'idée de vérifier – un objet qui ne leur appartenait pas ou qui n'était en leur possession que depuis peu de temps.

Quelques établissements traitaient encore avec le comte hongrois et la veuve américaine – au nombre desquelles Gibbins et Dang – ou plutôt G & D, comme on les appelait dans le milieu de l'art. En apprenant que cette modeste maison de vente devait bientôt organiser une vente de meubles français du XVIIIe siècle, Holmes annonça à son ami Watson qu'il comptait s'y rendre. Mais il lui restait une démarche à accomplir.

Le visage barré d'une élégante moustache, le détective enfila la redingote de lin brun de l'ébéniste accompli et se présenta aux domiciles londoniens de ses suspects.

Désiraient-ils, par le plus grand des hasards, faire réparer des meubles anciens ? Hélas, il fit chou blanc. La gouvernante de Mme Granwerther l'assura que les meubles de la maisonnée étaient en parfait état. Quant au vétéran rougeaud et manchot qui veillait sur l'hôtel particulier de Végh à Londres, il répondit à Holmes dans un anglais approximatif que tous les meubles qui avaient besoin d'être réparés avaient été expédiés trois semaines plus tôt chez un de ses collègues. Et si « M. Makepiece » (tel était le nom sous lequel s'était présenté Holmes) « pose encore questions malpolies et ne quitte pas immédiatement maison, j'appelle police ».

Le soir même, à table, le grand détective expliqua à Watson que ces visites avaient été « des plus éclairantes » et qu'il se rendrait effectivement à la vente de G & D.

Ce qu'il fit le jour dit sous l'identité de M. Vincent de Béarn, excentrique marchand d'art parisien. Après avoir testé son accent français sur Mme Hudson, qui ne comprit pas un mot à son discours, il se rendit en fiacre à la vente.

Une fois sur place, il se présenta au commissaire-priseur et à son personnel et procéda à une inspection minutieuse des pièces en vente. Trois lots retinrent son attention : une table Louis XIV aux pieds magnifiquement sculptés, deux fauteuils Louis XV à haut dossier et une *chaise longue** de style Louis XVI. Après avoir examiné les meubles à la loupe, Holmes les souleva, feignant d'en examiner les pieds. Il finit par souligner au crayon les prix de réserve indiqués dans son catalogue et s'installa dans la salle.

Quinze lots furent attribués avant que M. de Béarn ne consente à s'intéresser à la vente. Dans l'intervalle, Mme Granwerther et le comte s'étaient chacun portés acquéreurs de trois pièces. Aucun de ces lots n'avait dépassé le prix de réserve de plus de cinq ou six livres.

Le lot n° 16 fut présenté : il s'agissait des deux fauteuils Louis XV. Les deux collectionneurs suspects se prêtèrent au jeu des enchères, Mme Granwerther abandonnant la partie lorsque l'enjeu eut dépassé les 175 livres. Lorsque le commissaire répéta la somme, le comte esquissa un sourire de satisfaction.

Mais avant que le marteau ne s'abaisse et à la stupéfaction générale, M. de Béarn annonça une offre de 180 livres. Le comte, sourcils froncés, renchérit à 185.

« 200 », fit le Parisien en soupirant.

Les fauteuils avaient déjà très largement dépassé leur prix de réserve.

La lutte qui opposait l'élégant Français et le sévère Hongrois offrit aux autres clients un spectacle aussi fascinant que distrayant. Elle dura sept minutes encore, à l'issue desquelles le comte l'emporta – mais non sans s'être engagé à payer 690 livres des pièces au fond médiocres.

M. de Béarn en profita pour s'éclipser après avoir salué les participants. Il semble qu'en sortant il ait poliment chuchoté ceci à l'oreille de son rival :

« Oh, *monsieur le comte**, je suis *désolé** ! Félicitations pour votre achat – *mais je suis** certain qu'il vaut bien plus que son prix final, *n'est-ce pas** ? »

Le Hongrois lui répondit d'un regard soupçonneux et se retourna vers l'estrade du commissaire-priseur. Il avait d'autres lots en vue.

Le lendemain matin, à la suite d'une perquisition chez Gibbins & Dang, qui détenaient encore les lots de la vente de la veille, le comte Lekszi Végh fut arrêté. On le soupçonnait de recel dans l'affaire des quatre toiles de maîtres volées à Windsor le mois précédent.

Quelles preuves de la culpabilité du comte Holmes avait-il fourni à Scotland Yard pour qu'ils procèdent à cette arrestation ?

16

L'Affaire de l'Œuf aux abeilles

Sherlock Holmes, ainsi que le révèlent les dossiers de Watson en notre possession, dut à plusieurs reprises intervenir dans des enquêtes que les autorités n'avaient pu boucler. Ce fut notamment le cas à la suite du décès aussi brutal qu'inévitable d'un membre de la pègre londonienne bien connu qui avait pour nom Charles Stannard-Smith, alias « Charlie le Prof ».

Smith passait pour être l'un des malfaiteurs les plus intelligents et les plus excentriques de sa génération. Cet ancien élève d'Eton à l'exquise politesse s'était enrichi grâce à de subtiles escroqueries, en général liées à ses maisons de jeux, joliment baptisées les Essoreuses. Tout le monde – Scotland Yard, la presse, les hommes politiques, l'administration – était au courant : Charlie était un hors-la-loi. Il avait pourtant réussi à échapper à la loi pendant plus de quarante ans. Mieux encore, il continuait à fréquenter la meilleure société et, spécialiste reconnu de l'art lyrique, fréquentait régulièrement Covent Garden.

Contrairement à la plupart de ceux qui s'enrichissent par des moyens illicites, Smith plaçait ses bénéfices malhonnêtes dans des entreprises où ils fructifiaient. Il possédait quatre cafés «parisiens» – l'As, le Roi, la Reine et le Valet – et quatre hôtels chics – le Cœur, le Trèfle, le Carreau et le Pique. Le Cœur Hotel de Soho Square dissimulait-il une maison de passe ? Cette question ne fut jamais résolue et Smith lui-même ne la trancha jamais : le mystère à petites doses profite toujours aux affaires, disait-il.

Ce ne fut pas le Cœur qui précipita la chute de Charlie le Prof, mais bel et bien le vaisseau amiral de Hanover Square, le Carreau. Tous les établissements de Smith regorgeaient de ce que l'on peut rassembler de manière charitable sous le terme d'«œuvres d'art». Cela allait de l'honnête peinture à l'huile jusqu'aux défenses d'éléphant sculptées, aux jouets mécaniques et aux mannequins revêtus (ou, pour certains, très lascivement dévêtus) des costumes les plus exotiques possibles. Ainsi trônait au cœur même du Carreau, juste devant son monumental escalier, une immense vitrine réservée, indiquait la plaque de cuivre qui y était fixée, «au plus beau diamant du monde».

La vitrine resta vide pendant cinq ans, car Smith n'avait toujours pas découvert «de joyau assez élégant pour couronner la splendeur du Carreau». Il fit savoir à ses amis de la pègre qu'il serait ravi de payer à sa juste valeur une gemme de la qualité recherchée, quelle que soit sa provenance.

D'après la police, cette offre avait provoqué une recrudescence de vols et de tentatives de vol de bijoux chez les meilleurs joailliers de la capitale.

Au cours du plus audacieux de ces cambriolages, les voleurs s'étaient emparés d'un diamant taille radiant de quatre carats d'une valeur de plusieurs milliers de livres. Lorsqu'ils furent interpellés, une semaine plus tard, ils expliquèrent qu'ils avaient vendu la pierre à un intermédiaire qui travaillait pour « Charlie le Prof ».

L'interrogatoire de l'escroc fut imprudemment confié à un jeune inspecteur aux manières brutales et à la considérable force physique. La conversation entre cette armoire

à glace et le criminel trop poli et trop enveloppé ne tarda pas à s'envenimer. Piqué au vif par la condescendance et le mépris évident du « Prof » pour son ignorance de la loi et de la grammaire anglaises, le policier se leva d'un bond et empoigna l'escroc à la gorge. Fatale brusquerie : victime d'un infarctus, Smith s'écroula et ne put être ranimé.

Le policier fut révoqué. Et, plus grave, le diamant resta introuvable.

Ce fut alors que Scotland Yard se tourna vers Holmes. Le grand détective s'était intéressé de près, à titre privé, à l'excentrique Smith et à son goût de la plaisanterie. « Charlie le Prof » ne pouvait pas ne pas avoir laissé quelque indice sur le diamant volé. Holmes commença par fouiller l'immense chambre à coucher de Smith, laquelle faisait partie d'une suite située au cinquième étage du Café de l'As. Loupe à la main, le détective examina tous les objets d'art et tous les clinquants bibelots que ce célibataire avait accumulé dans son capharnaüm. Son attention se porta sur une boîte à musique incrustée d'or et d'ivoire. Une clé trouvée sous les oreillers de la luxueuse couche de Smith ouvrait cette boîte, qui jouait une musique curieusement décousue. À la deuxième écoute, Holmes, fin musicien, put noter ceci :

La troisième reprise lui permit de corriger ses erreurs. Il se dirigea alors vers une cage en argent occupée par un ara empaillé, suspendue au-dessus de la cuvette. Sous la cage se trouvait un gros œuf en porcelaine de style chinois, dont les couleurs avaient pâli avec le temps. Il était orné d'une dizaine de scènes en décors perlés représentant la vie de l'abeille, de l'œuf à la mort – laquelle était symbolisée par une abeille pattes en l'air.

Holmes pressa délicatement sur le petit cadavre : le sommet de l'œuf s'ouvrit et le diamant volé s'offrit aux regards sur son matelas d'ouate.

Comment Holmes avait-il découvert la cachette ?

17

LE MYSTÈRE DU SERGENT DÉFENESTRÉ

La cathédrale de Canterton n'avait pas souvent l'occasion de faire les gros titres, bien qu'elle soit le siège principal de l'anglicanisme. Quelle ne fut donc pas la surprise de Watson de retrouver ce noble édifice à la une de tous les quotidiens du mardi 20 avril 1886 ! La veille au matin, on avait découvert un cadavre sur les dalles du transept de Canterton.

Cet étonnement ne fit que croître lorsque, le vendredi de la même semaine, son ami Holmes reçut la visite de l'inspecteur Frank Blean, de la police du Kent. Le « Mystère du sergent défenestré », comme les journalistes l'avaient baptisé, soumettait ce brave homme à une pression inhabituelle. Blean était « au bord de la crise de nerfs ». Pour dire les choses sans détour : alors qu'il considérait l'affaire comme particulièrement ambiguë, ses supérieurs et « toutes les huiles de Canterton » exigeaient non sans insistance un verdict de suicide.

Holmes éprouva d'emblée pour Blean, esprit honnête et franc, une sympathie instinctive. L'inspecteur était dépassé par l'affaire et Holmes consentit à l'aider – discrètement, il va sans dire, car il ne fallait pas mécontenter les « huiles ». Holmes décida donc, note Watson, de se rendre dans ce lieu historique qui avait vu naître Saint Egfrith, Plankton et Henley sous une identité d'emprunt, étayée par quelques lettres de recommandation promptement fabriquées. Le lendemain matin, William Hoffenbach III, correspondant pour l'Europe du *New England Telegraph*, montait en gare de Victoria dans le 10 h 10 à destination de Canterton West.

Le récit de Blean et la presse de la semaine avaient appris à Holmes ce qu'il devait savoir du drame.

Le lundi 19 avril, à 7 h 30 du matin, le bedeau de la cathédrale, Clarence Flipp, avait découvert le corps du sergent Robert Melrose sur le côté sud du transept de la cathédrale. Les poches de son uniforme de la Rifle Brigade étaient vides, de même que la ceinture porte-monnaie qu'il avait nouée sous sa redingote. Du reste Holmes avait questionné Blean à ce sujet. Une ceinture porte-monnaie, vraiment ?

« Mais oui, M. Holmes.

– Et elle était vide ?

– Absolument. »

Ce qui réduisit Holmes au silence pendant quelques secondes. La position du corps et ses nombreuses fractures ne laissaient pas de place au doute dans l'esprit de Blean : l'homme était tombé de la claire-voie qui surplombait le transept. Melrose n'était pas mort sur le coup, chose surprenante. De sa main droite, il avait, usant du sang qui coulait d'une blessure à la tête, écrit sur les dalles le mot AGON. À quelques pas du corps gisait également un calice d'argent, pièce ancienne d'une grande valeur provenant du trésor de la cathédrale et visiblement endommagée par une chute de quelques mètres. Or, dans le mois qui précédait le drame, un autre calice tout aussi ancien et une croix en or datant du XVe siècle avaient disparu de ce même trésor.

Holmes interrogea Blean sur ces troublants détails. Le calice était-il vraiment tombé de la claire-voie ?

«J'en suis aussi certain qu'on puisse l'être sans avoir été témoin de la chose. L'une des dalles a même été fendue par l'impact.»

Quant à l'inscription, se limitait-elle réellement à ce seul mot, AGON?

«Il y avait une sorte de petite tache après le N, répondit Blean. Sans doute le blessé, sentant la vie l'abandonner, a-t-il voulu écrire AGONIE.»

Holmes opina du chef sans autre commentaire.

Le soir du drame, les tavernes et les bars de toute la ville bruissaient de toutes sortes de racontars concernant le «sergent défenestré». Melrose avait une solide réputation de «Don Juan». Il avait, disait-on, enfanté nombre de bâtards dans tout l'Empire, jusqu'aux colonies; on lui attribuait une seconde famille illégitime dans son Écosse natale, en plus de celle qu'il avait à Canterton, où son régiment était cantonné. Ne pouvant entretenir tout ce monde sur sa paie de sergent, poursuivait la rumeur, il s'adonnait donc au vol.

Le trésor de la cathédrale, d'une prodigieuse richesse, était une cible idéale. Après avoir subtilisé la croix et le premier calice, le sergent avait été justement châtié à sa troisième tentative. Cette hypothèse fut étayée par le père Dominique, le curé de l'église catholique de Canterton. Le sergent Melrose était catholique, ce qui rendait sa présence dans un temple anglican encore plus suspecte. Ce mot d'AGON… griffonné par le mourant, suggéra le prêtre, n'équivalait-il pas à un aveu, doublé d'une supplique au Tout-Puissant – que celui-ci lui pardonne ses crimes ?

Holmes, comme Blean, était d'avis que l'hypothèse la plus répandue, celle du suicide, ne parvenait pas, en dépit de son apparente plausibilité, à expliquer tous les faits relatifs à la mort du sergent. Comment était-il entré dans la cathédrale ? Pourquoi portait-il une ceinture porte-monnaie ? Et pourquoi diable se trouvait-il sur la claire-voie alors que l'argenterie était conservée dans le trésor, situé sous la crypte ? Questions qui, selon la presse, devaient rester entières, car la seule personne qui aurait pu y répondre était morte.

Avis que ne partageait pas l'envoyé permanent en Europe du *New England Telegraph*.

Après avoir réservé une chambre au Bardolph Hotel près de la Porte ouest de la ville, Holmes se rendit à la cathédrale où il demanda à s'entretenir avec le bedeau. M. Flipp fit rapidement son apparition et sa réticence initiale à discuter avec un journaliste s'évapora lorsque « Hoffenbach » fit négligemment allusion à l'article qu'il allait faire parvenir à sa rédaction sous le titre suivant : « Pourquoi le bedeau de Canterton a laissé entrer un malfaiteur dans sa cathédrale ? »

Flipp, que Holmes considéra d'emblée comme bien trop honnête pour s'acoquiner avec le suspect Melrose, fournit au détective quelques détails non dénués d'intérêt. Lorsqu'il avait fermé les portes de la cathédrale le dimanche soir après l'office du soir, nul cadavre ne gisait dans le transept, il en était certain. Aucune serrure n'avait été forcée : il en était tout aussi sûr, lui qui avait aidé la police à perquisitionner. Seules quatre personnes détenaient les clés du bâtiment : lui-même, le doyen et deux des chanoines, MM. Collins et Adams. Le chanoine Collins avait quatre-vingt-neuf ans et ne sortait pratiquement plus de chez lui. Le chanoine Adams, jeune marié, passait sa lune de miel dans le Devon.

Et le doyen ? s'enquit Hoffenbach en léchant la mine de son crayon d'un coup de langue expert. M. Flipp pouvait-il lui dire quelques mots du doyen Garfield-Wolkes ?

Le très révérend Simon Arbuthnot Garfield-Wolkes, répondit le bedeau, était un individu exceptionnel. Né dans une excellente famille du Herefordshire, il s'était engagé dans les Royal Welsh Fusiliers à l'âge de vingt ans et avait eu l'occasion de servir sa patrie au cours de plusieurs campagnes. La dernière, la guerre des Ashanti (1873-1874) lui avait inspiré un tel dégoût pour la chose militaire qu'il avait quitté l'armée pour se consacrer au pastorat. À compter de ce jour, avait-il déclaré, il se dévouerait aux œuvres de la paix et plus jamais à celles de la guerre.

Il était difficile de ne pas remarquer le doyen Garfield-Wolkes dans le quartier de la cathédrale. Sa haute et puissante stature, que couronnait invariablement un chapeau noir à larges bords, était reconnaissable entre toutes. Lorsqu'il prenait la parole, les antiques pierres de la cathédrale vibraient sous les élans de sa voix de stentor. Prouesses vocales qu'il avait, disait-il, empruntées à son ancien sergent-major.

Mais le doyen avait une facette plus secrète. Le bedeau l'avait surpris à plusieurs reprises seul dans la cathédrale et priant à genoux avec une ardeur peu commune. Un jour, Flipp l'ayant par mégarde dérangé dans ses dévotions, l'ancien soldat, dont le mauvais caractère était de notoriété publique, s'était mis dans une colère noire – avant de retrouver son calme et de présenter ses excuses au bedeau, auquel il expliqua ceci : lorsqu'il demandait à Dieu pardon des nombreuses infamies qu'il avait commis en temps de guerre, il avait toujours les nerfs à vif.

Holmes put voir de ses yeux l'impressionnant doyen le lendemain, en assistant aux matines où prêchait justement Garfield-Wolkes. Sermon remarquable, sans aucun doute, bel exemple de ce qui serait plus tard décrit sous le nom de « christianisme de combat ». Le doyen ne fit pas directement allusion à la mort du sergent Melrose, mais le texte qu'il avait choisi dans le Livre des Nombres – « Soyez certains que vos péchés vous rattraperont » – ne laissait guère de doute quant au message de l'ecclésiastique, qui conclut son sermon en désignant, théâtral, la tache de sang encore visible sur les dalles du transept.

Dans l'après-midi, Holmes se joignit aux ouailles invitées à prendre le thé chez le doyen. S'il n'eut pas réellement l'occasion d'échanger avec l'ancien soldat, il put converser avec son épouse, l'honorable Susan Garfield-Wolkes. À la grande surprise du détective, elle se montra très franche – sans doute parce qu'elle croyait s'adresser à un Américain, soit à quelqu'un dont les vues n'étaient pas éloignées des siennes.

« Figurez-vous, M. Offenbach, que les obligations de la femme d'un doyen sont d'un ennui mortel. De surcroît, j'en suis entièrement de ma poche ! »

L'envoyé permanent en Europe du *New England Telegraph* ne releva pas la prononciation erratique de son nom, préférant obtenir de plus amples détails sur les finances du couple.

« Oh, Simon ne vous l'avouerait pas pour un empire, mais il est pauvre comme Job. C'est toujours à moi qu'il demande de subventionner ses projets absurdes. »

Holmes apprit de surcroît que le doyen devait se rendre dans la matinée à Lambeth Palace pour discuter avec l'archevêque de l'affaire du Sergent défenestré. Dès l'ouverture du bureau du télégraphe de Canterton, Holmes envoya à Watson un message lui demandant de se poster à la gare de Victoria entre dix heures et midi et de l'avertir de l'éventuelle venue, par l'un des trains provenant de Canterton, d'un monsieur de haute taille, portant un col ecclésiastique et un chapeau noir à larges rebords.

Watson, qui s'était volontiers prêté à ce manège, fit chou blanc. Le télégramme suivant lui demandait de s'enquérir de la présence de ce même géant le même matin, à la gare de London Bridge. À 16 h 25, la réponse de Watson parvint à Holmes : oui, un contrôleur se souvenait d'avoir vu un pasteur de haute taille portant un chapeau noir à London Bridge.

Holmes passa la journée du mardi à la bibliothèque de Canterton. Après avoir lu quelques reportages concernant la troisième guerre des Ashanti dans le *Times* et le *Daily Telegraph*, il écrivit un bref article pour son *New England Telegraph* intitulé : «L'Énigme du sergent défenestré» et commençant par ces deux phrases :

«*Lorsqu'un homme est retrouvé mort dans le transept d'une église anglaise, la dernière personne que l'on puisse soupçonner d'avoir causé ce drame est le doyen de ladite cathédrale. Malheureusement, c'est pourtant ce qui s'est produit à Canterton la semaine passée.*»

Holmes relut le reste de sa prose, glissa la feuille dans une enveloppe adressée au très révérend Simon Garfield-Wolkes et la glissa sous la porte du doyenné.

Lorsque Clarence Flipp ouvrit les portes de la cathédrale, le lendemain matin, il eut une effroyable vision : le corps du doyen gisait sur les dalles du transept. Il était tombé de la claire-voie et avait succombé immédiatement à ses blessures. On retrouva près de lui le brouillon d'un article destiné au *New England Telegraph*.

Que révélait ce texte ?

18

Le Mystère des trois employés ivres

Il n'était pas rare, nous rapporte Watson, que des victimes consultent Holmes plutôt que de se confier à la police, perspective parfois hostile. C'est une affaire de ce type qui figure dans les notes du docteur sous le titre du « Mystère des trois employés ivres », formulation désinvolte qui recouvre un double assassinat particulièrement brutal.

Un matin, dès l'aube, Elijah Petrel, 25 ans, clerc de notaire, monta quatre à quatre les marches qui conduisaient à l'appartement du célèbre détective, 221B Baker Street, et se mit sous l'effet de la terreur à marteler la porte d'entrée.

«Je vous en supplie, monsieur Holmes ! Recevez-moi, et sauvez-moi des griffes de ce barbare ! »

En général, Holmes ne répondait pas à des sollicitations exprimées de manière aussi violente. Cependant, intrigué par la requête de Petrel, il accepta d'écouter son récit.

Tout avait commencé lorsqu'avec deux clercs de la même étude, Peter Dimble et Archie Falk, Petrel avait mis à profit une après-midi de congé pour prolonger quelques agapes fort arrosées à la taverne du Iron Duke, près de la gare de Euston. La note payée, les trois jeunes gens s'étaient retrouvés dans la rue et, progressant d'un pas vacillant, avaient remarqué dans la vitrine d'un prêteur sur gage une bague magnifique ornée de rubis et de diamants. Les employés, tous célibataires, s'étaient entichés du bijou, cadeau rêvé pour une fiancée à venir. Malheureusement, aucun des trois n'était assez riche pour payer les 150 livres nécessaires au rachat du bijou.

Les trois amis, après un long débat sur un banc de jardin, décidèrent de l'arrangement suivant : chacun verserait 50 livres – la somme maximale dont ils pouvaient s'acquitter

– et la bague leur appartiendrait à tous les trois. Dissimulée en un lieu sûr, elle deviendrait la propriété de celui qui pourrait le plus vite rembourser les deux autres.

Les trois jeunes gens rassemblèrent leurs économies, achetèrent la bague et la confièrent à leur employeur : le joyau désormais reposerait dans le coffre-fort de l'étude.

Une semaine plus tard, les trois employés sirotaient une bière au comptoir du Iron Duke, après le travail, lorsqu'ils furent approchés par un colossal Indien, portant barbe, turban et costume traditionnel. Cet impressionnant personnage se présenta à eux sous le nom d'Amir Asaduddin Khan.

« Que les trois honorables messieurs veulent bien pardonner mon intrusion inopinée, mais je crois savoir qu'un prêteur à gages de ce quartier vous a vendu récemment… une bague. Au nom du Prophète, chers messieurs ! Je vous implore de bien vouloir me vendre ce joyau. »

Et ses grands yeux lançaient des éclairs.

Les employés furent surpris – et quelque peu effarés. Ah, répondirent-ils à l'Indien, ils allaient méditer la question. Si M. Khan voulait bien se présenter de nouveau le lendemain soir à l'Iron Duke, ils lui annonceraient leur décision.

Une fois le géant parti, les trois amis comprirent que leur bague valait certainement plus que les 150 livres qu'ils avaient payées. Ils décidèrent donc de pas la lui revendre. En apprenant leur refus, M. Khan réitéra sa demande avec une ardeur de plus en plus insistante. Les trois Anglais ne démordirent pas de leur position.

Le lendemain matin, Archie Falk ne se présenta pas à l'étude. Absence qui, se prolongeant de quelques jours, finit par susciter une enquête. Sans résultat : l'employé s'était volatilisé.

Elijah Petrel et Peter Dimble continuèrent à se retrouver à l'Iron Duke après les heures de bureau. Ils se demandaient naturellement ce qui était arrivé à leur ami et collègue. N'aurait-il pas eu le malheur de croiser le chemin de leur fulminant visiteur des Indes ? Hypothèse qui ne tenait pas seulement de la boutade. Lorsque M. Khan fit sa réapparition à la taverne, leur inquiétude fut sans borne.

« Si les cœurs qui battent dans vos poitrines sont capables du moindre sentiment, je vous implore au nom d'Allah et de ce qui est le plus saint et le plus sacré à vos yeux de me vendre ce joyau », vociféra l'Indien, peu soucieux de discrétion.

De nouveau, les employés promirent d'y réfléchir – pour finir par rejeter sa requête. Lorsque M. Khan en fut informé, ses doigts, racontait M. Petrel, « se mirent à ramper le long de sa cuisse, comme s'il voulait empoigner un cimeterre pour nous étriper ».

« Oh, ce visage diabolique, poursuivit l'employé. M. Holmes, en dépit de ses paroles sucrées, je peux vous le garantir, ce M. Khan est un véritable thug*. »

* N.d.T : thug est utilisé dans son sens historique dans ce contexte, c'est-à-dire pour qualifier un membre de l'organisation indienne du même nom regroupant des voleurs et des assassins qui réalisaient leurs méfaits au nom de la déesse Kali.

Le lendemain, ce fut Peter Dimble qui manqua à l'appel. Vers midi, un marinier trouva son cadavre échoué sur la rive droite de la Tamise, à Greenwich. Il avait été égorgé. Dans ses poches, deux shillings, quatre pence et un demi-penny en petite monnaie, un crayon, un mouchoir, la clef de son appartement et une étiquette de bouteille de bière. La police, selon les informations fournies à la presse, conclut à un meurtre dont le ou les coupables n'étaient pas encore identifiés.

Elijah Petrel était le seul des proches de Peter à pouvoir indiquer une piste. Mais le souvenir de l'indien l'emplissait d'une telle crainte qu'il ne s'en ouvrit pas aux autorités. En effet, lorsqu'il était rentré chez lui, le jour où le corps de son ami Peter avait été découvert, il avait trouvé sur son paillasson un message écrit au crayon bleu sur le dos d'une étiquette de bouteille de bière.

RENDÉ-VOUS A LONDON BRIDGE DEMIN SOIR
3 HEURS. J ACHETER BAGUE. SI PARLÉ POLISSE
OU AMIS TU MOURAS COMME EUX!!

Après une nuit d'insomnie, Petrel, bleu de peur, s'était rendu directement chez Sherlock Holmes.

Le détective étudia longuement le message et demanda à Petrel de bien vouloir lui raconter de nouveau cette terrible mésaventure, en lui rapportant avec la plus grande fidélité les propos de chaque acteur du drame. Il assura ensuite à l'employé qu'il ne courait aucun risque et se rendit chez le prêteur sur gages.

Holmes posa la question suivante au prêteur : n'avait-il pas, après avoir vendu la bague aux trois employés, reçu la visite d'un client qui s'intéressait également au joyau ?

« Si fait, répondit l'homme. D'ailleurs – et j'ai trouvé cela bizarre ! –, deux personnes se sont présentées le même jour dans cette boutique pour me réclamer la bague. »

Le premier était celui qui l'avait gagée, un ancien soldat d'apparence et de manières assez grossières, un certain « caporal Blanket ». En apprenant que la date au-delà de laquelle il ne pouvait plus racheter son bien était passée, et que la bague, en conséquence, avait été vendue, le caporal s'était mis dans une rage noire, n'hésitant pas à faire usage du langage le plus inconvenant.

Un second client fit alors son apparition et demanda son tour des nouvelles de la bague. Blanket se tapit dans un recoin de la boutique, feignant de s'intéresser aux montres en or du prêteur.

Le nouvel arrivant était un monsieur indien, à l'éducation et au langage d'un exquis raffinement. Mais lorsqu'il apprit la vente de la bague, il en conçut lui aussi un grand désespoir. Une fois son calme retrouvé, il s'enquit de l'identité de l'acheteur. Le prêteur à gages ne connaissait pas le nom des trois amis, mais il put les décrire : c'était trois jeunes clercs d'une étude de notaires qui se trouvait à deux immeubles du Iron Duke. L'Indien le remercia avant de sortir de la boutique.

L'ancien soldat n'avait pas bronché de toute la discussion.

« A-t-il pu entendre les propos que vous avez échangés avec cet Indien ? demanda Holmes.

– J'en suis presque certain, monsieur.

– Et comment a-t-il réagi ?

– Le temps que ce monsieur indien ne reparte, le caporal Blanket s'est calmé. Il est resté un moment dans ma boutique, les yeux fixés sur le plancher… Il marmonnait tout bas. Puis il est sorti à son tour et il a pris la même direction que l'Indien. »

Rentré à Baker Street, Holmes passa le reste de sa journée à consulter ses recueils de coupures de presse, à la recherche d'éléments sur les crimes commis dans les colonies de l'Empire britannique. Le lendemain, après le petit-déjeuner, il retrouva Petrel à l'étude et demanda à voir la bague, qu'il examina longuement avant de la confier de nouveau au coffre de l'étude. Puis il se rendit à Scotland Yard. Le caporal Gulliver Blanket, vétéran des Seventeenth Foot, fut interpelé l'après-midi même et inculpé des meurtres de Peter Dimble et d'Archie Falk.

Qu'avait bien pu dire Holmes à ses amis de Scotland Yard pour que ces derniers procèdent à l'arrestation de Blanket ?

19

L'Aventure du vieux Dodson

Une fois l'affaire du vieux Dodson conclue, Sherlock Holmes put émettre la remarque suivante :

« Voilà l'enquête la plus facile qu'il m'ait été donné de résoudre. Je n'arrive toujours pas à comprendre pourquoi l'inspecteur a fait appel à moi. Par tous les diables, Watson, c'était si facile que vous auriez trouvé tout seul ! »

Le « vieux Dodson » était un officier de police d'un certain âge à intelligence très moyenne, et dont le poste à Scotland Yard, excessivement précaire, n'était prolongé qu'en raison des contributions généreuses de sa vieille belle-mère au parti libéral. Un soir de juillet, peu après 21 heures, le sergent apparut à la fameuse porte de Baker Street : écarlate, en nage, le souffle court, il pria le détective de bien vouloir excuser cette visite tardive.

« Mais je crains bien que si vous ne m'aidez pas, je perdrai mon poste. »

Holmes avoua quelque temps plus tard à son fidèle Watson qu'il avait été à deux doigts de refuser l'affaire. Soustraire Dodson aux rangs de la maréchaussée, c'était œuvrer plus efficacement à la lutte contre le crime. Mais Holmes, homme d'honneur, n'aurait su abandonner un collègue dans le malheur. Avec un profond soupir, il s'installa dans un fauteuil et pria Dodson de lui raconter son affaire.

L'affaire semblait simple. Une demoiselle Fanny Hogarth, qui vivait à Blackheath, avait été retrouvée morte par sa femme de chambre le matin même à sept heures, la gorge tranchée. La police avait trouvé deux indices importants.

Tout d'abord, la boîte à bijoux de la jeune morte avait été ouverte de force, le cadenas brisé, le contenu volatilisé. Par ailleurs, Mlle Hogarth conservait chez elle une série de lettres écrites à un certain Octavius Cannizarro. Il ne s'agissait ni plus ni moins que de chantage : Mlle Hogarth se déclarait enceinte des œuvres de Cannizaro, auquel elle réclamait les mille livres qu'il lui avait promises. Faute de cette somme, elle l'attaquerait en justice pour qu'il reconnaisse sa paternité.

Dodson en avait tiré deux explications possibles : soit Mlle Hogarth avait été assassinée par un cambrioleur qu'elle avait surpris sur le fait, soit Cannizaro s'était assuré du silence de sa maîtresse sans débourser un shilling. Quelques indices rendaient cette seconde hypothèse plus vraisemblable.

Octavius Cannizaro était loin d'être inconnu à Scotland Yard – et Holmes en retrouva également la trace dans ses archives. Individu à la sinistre réputation, il ne restait jamais assez longtemps en un endroit pour que la police puisse lui reprocher quoi que ce soit. Il entretenait, disait-on, une femme et des enfants au grand-duché du Luxembourg et s'était enrichi dans le commerce illicite des armes et de l'opium.

Il voyageait sans domestiques, louait en toute discrétion des appartements à la journée lors de ses séjours à Londres et détenait selon toute vraisemblance au moins trois passeports de trois pays différents. Il n'avait qu'une faiblesse, si l'on peut dire – il était fine gueule. Les grands restaurants de la capitale le recevaient volontiers : amateur de grands vins, il laissait toujours de splendides pourboires.

Les voisins déclarèrent avoir vu un homme correspondant à la description de Cannizzaro entrer et sortir à plusieurs reprises de la villa de Blackheath dans les quelques jours qui avaient précédé le meurtre de sa maîtresse. Mais comme le visiteur en question portait un épais manteau et un chapeau à larges bords, en dépit du temps estival, il était impossible d'établir son identité avec certitude. Et c'était ce même individu masqué que les voisins avaient vu sortir le matin du crime vers 6 h 30 de la villa de Mlle Hogarth. Cette dernière n'était pas morte depuis plus d'une heure lorsque la femme de chambre avait retrouvé son corps : il était donc raisonnable de penser, selon Dodson, que ce mystérieux visiteur au chapeau était aussi l'assassin de la demoiselle. Or tous les indices convergeaient : cet individu ne faisait certainement qu'un avec Cannizzaro.

Dodson en référa à ses supérieurs. Le soir même, vers 19 h 30, un agent de police vit Cannizzaro s'introduire dans un appartement de Mayfair. Dodson se rendit immédiatement sur place pour prévenir le suspect de ce qu'il faisait l'objet d'une enquête pour meurtre. Que faisait-il le matin même à six heures ?

« Malgré tout le respect que je vous dois, répliqua Cannizzaro avec une impériale nonchalance, je dois vous prier instamment de ne pas me faire perdre mon temps. Je suis sur le point de prendre le train-ferry de 22 h 30 en partance de Victoria. Les autorités françaises m'attendent à Paris pour une réunion de la plus grande importance.»

Dodson persista : Où Cannizzaro se trouvait-il le matin même à six heures? Insistance qui lui valut un regard irrité de l'homme d'affaires, qui tira de sa poche un carnet dont il extirpa un bout de papier.

«Que voici, expliqua Dodson à Holmes en lui tendant une note de restaurant toute froissée. Le parfait alibi... Cette damnée fripouille a osé me dire que je pouvais garder ce bout de papier dont il se moquait 'comme de sa première chemise.'»

Holmes examina la note. Sous l'en-tête du Royal Buckingham Hotel et à la date du jour, étaient inscrits, d'une plume ferme, ces quelques mots : « Ai reçu ce jour à six heures trente, de M. Octavius Cannizzaro, la somme d'une livre, 2 shillings et 6 pence. Pour le petit-déjeuner. Signé : Delius Graftule, serveur ».

Holmes se redressa d'un bond.

« Vite, Dodson ! Ne perdons pas une minute. Nous avons peut-être encore le temps de filer au Royal Buckingham et, de là, à la gare de Victoria pour appréhender ce scélérat avant que le train-ferry ne parte. Allez, mon vieux ! »

Et de se ruer vers la porte en ajoutant :

« Votre carrière dépend de notre célérité ! »

Quel détail négligé par Dodson avait permis à Holmes de prendre cette décision ?

20

LE DESSINATEUR CORROMPU

Sherlock Holmes était mauvais perdant. Lorsqu'il échouait à résoudre une énigme, il sombrait dans la dépression la plus intense. Mais lorsqu'il parvenait à démêler une affaire que ses concurrents – et spécialement Scotland Yard – n'avait su élucider, sa satisfaction était sans bornes. Les notes de Watson nous apprennent qu'une occasion similaire se présenta à lui en décembre 1905. Pour des raisons liées à la défense de la nation – ce que nos lecteurs comprendront dans les pages qui suivent –, le docteur attendit quelques années avant d'archiver son dossier.

Holmes n'aimait pas recevoir des ordres – mais s'ils provenaient d'un individu aussi formidable que l'amiral de la flotte britannique, Sir Tommy Hunter, il lui était impossible de ne pas y obéir. Le télégramme de l'amiral était laconique :

PRÉSENCE REQUISE A L'AMIRAUTE 14 H 00
STOP IDENTIFIEZ-VOUS À L'ENTREE STOP
LE CAPITAINE HAMMOND-SMYTHE VOUS FERA
ENTRER STOP DONNER SON NOM STOP.

Voici ce que Holmes confia plus tard à Watson :

«J'ai agi conformément aux ordres de l'amiral. Le capitaine Hammond-Smythe est venu me chercher à la réception – mais c'est tout juste s'il m'a adressé la parole pendant que nous parcourions des couloirs silencieux et déserts. En parvenant au-dessus de l'Admiralty Arch, nous nous sommes retrouvés dans une petite pièce, de 9 à 10 m^2 dans laquelle le grand homme n'a pas tardé à nous rejoindre. Mais au lieu de faire montre de sa bonne humeur et de sa cordialité coutumière, Sir Tommy s'est introduit dans ce cabinet comme s'il s'agissait d'un lieu de mauvaise vie des bas-fonds de Soho. Watson, l'heure, de toute évidence, était grave !»

L'amiral expliqua en effet à Holmes que l'affaire qui allait lui être exposée était de la plus grande importance – d'une portée tout simplement mondiale. C'était peut-être le sort de l'empire qui se jouait sur la capacité du grand détective à résoudre une énigme qui résistait aux intellects les plus fins de la Marine et de Scotland Yard. L'amiral ne pouvait pas savoir l'effet que cette déclaration eut sur Holmes. Il y avait un enjeu plus important encore que celui de l'avenir de l'Empire britannique – et c'était la réputation du meilleur détective que la terre ait porté.

Après s'être assuré que le couloir était désert, Sir Tommy ferma la porte de la petite pièce et invita Holmes à prendre place à la table dressée sous la haute fenêtre qui surplombait Trafalgar Square. Sir Tommy s'assit à côté de Holmes, face au capitaine. Ce dernier prit alors la parole. Officier en charge de la sécurité des services de l'amirauté, il était confronté à un problème insoluble.

Un certain nombre d'architectes et de dessinateurs de la marine britannique travaillaient depuis quelque temps sur les plans d'un nouveau navire de guerre qui bouleverserait à jamais la nature des combats sur mer. Cette équipe était composée d'hommes choisis non seulement pour leurs capacités techniques et scientifiques, mais également pour leur extrême loyauté. Par conséquent, quel ne fut pas l'effroi de Hammond-Smythe lorsqu'il apprit par un agent du gouvernement opérant au sein de l'ambassade d'une puissance étrangère que ladite puissance faisait tous les efforts possibles pour obtenir des informations sur le nouveau navire. Il était même possible qu'un réseau d'espionnage se soit développé à l'amirauté.

Le capitaine avait immédiatement lancé une campagne agressive de contre-espionnage. Ses hommes avaient investi la pièce où l'équipe travaillait à ce projet innovant. Les portes avaient été fermées à double tour, les bureaux, les planches à dessin et les employés eux-mêmes fouillés. Pendant ce temps-là, Hammond-Smythe, posté à un bout de la pièce, avait surveillé les employés : étaient-ils inquiets ?

Leurs réactions étaient-elles normales ? Seul l'un d'eux fit montre d'un comportement inquiétant.

Il s'agissait d'un certain Augustus Gedge, dessinateur. Âgé de quarante ans, il travaillait depuis cinq ans à l'Amirauté. Il avait dans sa jeunesse été grand amateur de sport ; il s'était illustré sur les terrains de rugby et de cricket. Il devait en grande partie son emploi à l'Amirauté à la référence plus que flatteuse qu'avait fourni le président du Rosslyn Park Rugby Football Club, grand ami du capitaine Hammond-Smythe. À la grande surprise de ce dernier, Gedge, lors de la fouille au corps, s'était montré nerveux et brusque.

Le capitaine, que ce comportement intriguait, diligenta une discrète enquête sur son subalterne. Il apprit que Gegde avait une double vie : non content d'entretenir une épouse et une famille à Battersea, il subvenait également aux besoins de sa maîtresse et de leurs trois enfants à Pimlico. Cette bigamie de fait faisait peser sur lui une charge considérable, qui l'épuisait tant financièrement que psychologiquement. N'était-il pas l'homme providentiel pour une puissance étrangère désireuse d'obtenir, moyennant salaire, des informations sur le nouveau navire de l'Empire ? Le capitaine cependant avait besoin de preuves matérielles.

Lors de la fouille du bureau des dessinateurs, on avait malencontreusement omis d'inspecter le contenu des corbeilles à papier. Trente-six heures s'étaient écoulées depuis et le contenu desdites corbeilles avait depuis longtemps été placé dans un vaste panier, en attendant l'heure de l'incinération. Les agents de Hammond-Smythe se mirent au travail sitôt l'oubli remarqué. Leur seule trouvaille un tant soit peu inhabituelle était une feuille de papier froissé. Y étaient inscrites ces lignes :

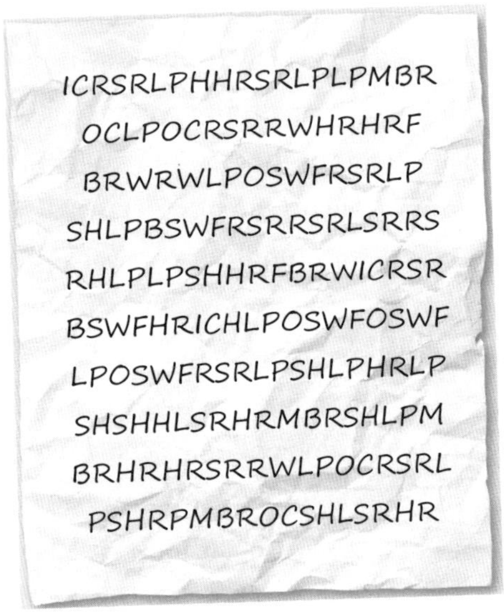
ICRSRLPHHRSRLPLPMBR
OCLPOCRSRRWHRHRF
BRWRWLPOSWFRSRLP
SHLPBSWFRSRRSRLSRRS
RHLPLPSHHRFBRWICRSR
BSWFHRICHLPOSWFOSWF
LPOSWFRSRLPSHLPHRLP
SHSHHLSRHRMBRSHLPM
BRHRHRSRRWLPOCRSRL
PSHRPMBROCSHLSRHR

L'écriture était inconnue de Hammond-Smythe. Les experts de l'Amirauté n'ayant pu parvenir à décrypter le message, non plus que ceux de Scotland Yard (on leur avait fait jurer la plus grande discrétion), le capitaine ne savait plus à quel saint se vouer.

En fin de compte, et non sans réticence, il parvint à convaincre l'amiral de confier au plus célèbre détective privé de Londres cette affaire si délicate.

Après avoir reçu toutes les informations utiles à l'enquête, Holmes étudia longuement le message codé. Pouvait-il l'emporter à Baker Street ? Non, répliquèrent ses interlocuteurs.

« Eh bien, messieurs, répondit-il alors d'un ton quelque peu excédé, il vous faudra résoudre ce problème par vous-même. »

Holmes naturellement n'avait aucune envie de renoncer à cette affaire. Les notes de Watson nous donnent une idée assez claire de la suite des événements. Holmes avait eu le temps d'apprendre par cœur cette interminable série de lettres. Il n'eut donc aucun mal à la recopier une fois rentré à Baker Street et passa une partie de la soirée à tenter de la décrypter. En dépit de ses nombreuses tentatives, il fut incapable de trouver la bonne clef.

« Ah, la nuit me portera peut-être conseil », s'écria-t-il, exaspéré, avant d'aller se coucher.

Il fut réveillé vers 8 h 30 par Watson, passé le voir après une visite à un patient qui habitait dans le quartier. Les deux amis petit-déjeunèrent ensemble, puis Holmes se replongea dans son décryptage tandis que Watson lisait le journal. C'est le Dr Watson qui raconte la suite :

> « Ayant appris la défaite de l'Angleterre dans le match de rugby qui l'avait opposé la veille à la Nouvelle-Zélande, je me permis d'émettre un grognement de déception. Ce qui parut déplaire à Holmes. Tout en me lançant un regard tranchant, il me demanda ce qui n'allait pas. Je lui expliquai la cause de mon mécontentement. Il fronça les sourcils, se replongea dans son travail de décryptage avant de me poser la question suivante :
> « Vous avez bien dit rugby, Watson ? »

J'opinai du chef.

Quoique Holmes n'ait jamais fait montre du moindre intérêt pour les sports collectifs, ce terme sembla le galvaniser. Il me demanda aussitôt de lui rappeler quelles étaient les positions des joueurs sur le terrain. J'accédai volontiers à sa demande, ajoutant que les adeptes du jeu avaient maintenant coutume de désigner ces positions par les nombres inscrits sur les maillots des joueurs.

L'excitation de Holmes parvint à son comble. Il dressa le tableau suivant conformément à mes indications :

1 = Left Prop (Pilier gauche)
2 = Hooker (Talonneur)
3 = Right Prop (Pilier droit)
4 = Left Second Row (Deuxième ligne gauche)
5 = Right Second Row (Deuxième ligne droit)
6 = Blind Side Wing Forward (Troisième ligne aile côté fermé)

7 = Open Side Wing Forward (Troisième ligne aile côté ouvert)
8 = Middle Back Row (Troisième ligne centre)
9 = Scrum Half (Demi de mêlée)
10 = Fly Half (Demi d'ouverture)
11 = Left Wing (Ailier gauche)
12 = Inside Centre (Premier centre)
13 = Outside Centre (Deuxième centre)
14 = Right Wing (Ailier droit)
15 = Full Back (Arrière)

« Et l'arbitre ? me demanda-t-il ensuite. Quel nombre figure sur son maillot ?

– Aucun, répondis-je.

– Ah… Mais rien, c'est zéro, en somme ?

– Je ne vois pas vraiment où vous voulez en venir, Holmes, mais j'ai assez de connaissances en mathématiques pour savoir qu'en effet, rien équivaut à zéro. »

Holmes était trop occupé à griffonner pour me répondre. Quelques minutes plus tard, il lança son crayon sur la table et poussa un cri de joie. Puis :

« Par tous les dieux, Watson ! Vous venez de sauver l'empire britannique ! »

Sur ces mots, poursuit Watson, le célèbre détective se précipita dans le bureau de poste le plus proche pour télégraphier à Sir Tommy une invitation à se rendre le plus tôt possible, selon sa disponibilité, au 221B Baker Street où l'attendait « une communication des plus intéressantes ». Une heure plus tard, l'amiral, accompagné du capitaine Hammond-Smythe, se retrouvait en présence de Holmes.

Que disait le message codé, et comment Holmes était-il parvenu à le décrypter ?

21

UN NEVEU TROP EXCENTRIQUE

Sherlock Holmes, les lecteurs du canon holmésien le savent, était passé maître dans l'art du déguisement. Art cependant qui n'est rien sans quelque talent d'acteur. Ce dont Holmes ne manquait pas non plus : né un siècle plus tard, il aurait sans doute fait une splendide carrière à Hollywood. Ceux d'entre nos lecteurs qui doutent encore en seront sans doute convaincus après la lecture de la présente affaire.

Tout commença par une discussion informelle entre Holmes et l'inspecteur Lestrade, de Scotland Yard.

« Mauvaise nouvelle, se plaignait le policier. Charlie 'Les Mille Visages' Peters, le cambrioleur le plus tristement célèbre de tout le sud des États-Unis, a, d'après les rapports de police, traversé l'Atlantique à la fin de l'an dernier. »

D'après les informations de Lestrade, l'infâme escroc était déjà à l'œuvre en Angleterre. Holmes le remercia de ce renseignement qu'il stocka dans sa prodigieuse mémoire.

Un mois plus tard, Holmes fut contacté par Julius Turvey, l'un des jeunes subalternes de Lestrade à la criminelle, en relation avec une affaire de cambriolage assez délicate. Holmarsh Abbey, la vaste propriété de campagne que Sir Cecil Mount – âgé de soixante-cinq ans, l'homme était devenu millionnaire grâce à ses mines de diamant – possédait dans le Shropshire, avait été cambriolée trois fois en trois semaines. Les voleurs avaient dérobé des joyaux et de l'argenterie ancienne. La police locale ne parvenant à aucun résultat, Sir Cecil, qui n'était pas réputé pour sa patience, avait exigé que Scotland Yard s'empare de l'enquête. Lestrade avait donc envoyé Turvey dans le Shropshire. Le jeune policier n'ayant pas eu plus de succès, Sir Cecil, fou de rage, avait menacé d'en toucher un mot à « ses amis haut placés ». C'est alors que Turvey décida de consulter Holmes – lequel accepta volontiers de l'aider.

Un rapide exposé des faits suffit à convaincre Holmes que les cambriolages de Holmarsh étaient le fait d'un individu qui connaissait très bien la maisonnée et ses habitudes. Holmes en conséquence envoya au millionnaire un télégramme annonçant sa venue le lendemain matin, afin d'assister l'inspecteur Turvey dans ses investigations. Sir Cecil aurait-il la bonté de s'assurer de la présence de tous ses domestiques, Holmes souhaitant s'entretenir avec chacun d'eux ?

Conformément aux souhaits du détective, les six employés à temps plein de Holmarsh défilèrent les uns après les autres dans la bibliothèque pour rencontrer Holmes. Comme le démontrent les notes de Watson, ces six personnes, habilement questionnées par le détective, avaient tous une raison pour voler leur maître.

Blodwyn Jones, la femme de chambre galloise, envoyait une bonne partie de ses gages « à [sa] famille dans les Brecon Hills, qu'a pas grand chose ».

Catherine (« Katie ») Duggan, la bonne, mettait de côté pour épouser Bertie Groundwart, un jeune homme des environs qui purgeait une peine de deux ans pour tentative de cambriolage.

Marta Tinch, la cuisinière, âgée de cinquante-cinq ans, dépensait selon la rumeur une fraction non négligeable de son salaire en bouteilles de brandy Napoléon, pour lequel elle avait une faiblesse coupable.

Gregor de Villiers, chauffeur et homme à tout faire, était venu de son Afrique du sud natale pour accumuler la somme nécessaire à l'achat d'une petite ferme dans le veldt – où l'on se souvenait encore avec émotion du passage de Sir Cecil, « un homme comme il faut », affirma-t-il à Holmes.

Nathan Hillman, le majordome, était secrètement affilié au parti communiste auquel il versait l'essentiel de ses émoluments.

Enfin, le régisseur du manoir, Frederick Langton, n'avait pas tenu les comptes de l'année précédente avec une grande rigueur. En résultait un trou de quelques centaines de livres dans le budget de la maisonnée.

Non content de les cuisiner sur leur vies privées et publiques, Holmes avait également interrogé les six domestiques sur ce qui avait été volé à Sir Cecil. Que savaient-ils notamment de l'argenterie géorgienne de leurs maîtres ? L'une des réponses fournies fut assez singulière pour rappeler au grand détective ce que l'inspecteur Lestrade lui avait rapporté un mois plutôt. Il décida donc d'approfondir son enquête.

Holmes rencontra ensuite Sir Cecil en tête-à-tête. Il ne lui fit part ni des confidences de ses employés, ni de l'étrange remarque que l'un d'entre eux avait émis concernant l'argenterie. En revanche, il demanda quatre faveurs au millionnaire.

Tout d'abord, Sir Cecil pouvait-il informer l'ensemble de sa domesticité du retour de Holmes à Londres, qui aurait lieu le lendemain ? Et préciser, au besoin, que le détective était parti mécontent, n'ayant pu obtenir de meilleurs résultats que la police ?

Deuxième chose, Sir Cecil pouvait-il en personne, sans être vu de quiconque, modifier la position d'une grande malle apparemment vide que Holmes avait vue dans l'écurie ? Plus précisément, pouvait-elle être poussée contre le mur du fond ? Lorsque Sir Cecil eut fini par comprendre que ladite malle n'était autre que le coffre de marin de son défunt père, il accéda à la demande de Holmes.

Troisième requête, Sir Cecil pouvait-il veiller à ce qu'une automobile soit garée en permanence dans l'écurie, le coffre à bagages tourné vers la porte, et ceci jusqu'à nouvel ordre ?

Quatrième et dernière demande, Sir Cecil et son épouse pouvaient-ils informer leurs domestiques de la visite imminente du neveu de Lady Mount, Horatius Knebb, qui souffrait de maladie mentale ? Horatius ne présentait aucun danger, devait préciser Sir Cecil, mais lorsqu'on le contrariait, il devenait irascible. Il était donc préférable que le personnel se plie à ses volontés, aussi étranges puissent-elles paraître.

Cette ultime requête fit hausser les sourcils à Sir Cecil d'autant qu'à sa connaissance, son épouse n'avait aucun neveu répondant au nom de Horatius Knebb. Mais la réputation de Holmes était telle que le millionnaire, intrigué par le plan qui venait de lui être exposé, accéda à toutes les exigences de Holmes.

Le malheureux Knebb, créature débraillée aux épaules voûtées et aux manières indubitablement étranges, débarqua à la gare de Hereford une semaine plus tard. Ce fut Gregor de Villiers qui se chargea de le conduire à Holmarsh Abbey.

« Ce bonhomme est fou comme un lapin », annonça-t-il aux cinq autres domestiques au retour de la gare.

Ils se plièrent ce nonobstant aux désirs singuliers de Knebb pendant un séjour qui dura sept jours et six nuits.

Le lendemain du départ de Knebb, Holmes réapparut chez les Mount. Il avait progressé dans ses investigations, annonça-t-il à Sir Cecil – qui s'en déclara ravi, car d'autres vols avaient été commis à Holmarsh. Rien de grande valeur, cette fois-ci, uniquement des objets de la vie quotidienne : un stylo-plume qu'il aimait bien, une chaussure (la gauche), une casquette de chasseur, trois livres, une canne à pommeau d'ivoire et – le millionnaire s'empourpra légèrement – deux corsets appartenant à son épouse.

Holmes, nullement surpris, pria le millionnaire de l'accompagner dans l'écurie. Il ouvrit devant lui le coffre de M. Mount père : s'y trouvaient tous les objets volés, à l'exception des corsets. Holmes se dirigea ensuite vers l'arrière de l'automobile et, le regard pudiquement détourné, ouvrit le coffre à bagages. Lequel recelait les deux corsets emballés dans du papier kraft.

Plus tard dans la journée, Gregor de Villiers fut arrêté. Il était suspecté d'utiliser des faux papiers et d'avoir présenté à son employeur de faux certificats de bonne conduite. S'il voulait bien reconnaître qu'il était l'auteur des vols commis à Holmarsh Abbey, lui expliqua-t-on, il accroîtrait peut-être ses chances d'échapper à l'extradition aux États-Unis, où l'attendaient les juges d'Atlanta. Charlie « Les Mille Visages » Peters avoua donc, non sans réticence. L'argenterie et les bijoux furent bientôt retrouvés. Watson ne dit pas quel sort fut réservé à Peters après son passage par la prison de Shrewsbury.

Mais comment Holmes avait-il pu identifier le cambrioleur ?

22

La Dame renfrognée

Les notes du Dr Watson nous donnent de nombreux exemples d'affaires que son célèbre ami put résoudre sans même quitter son appartement du 221B, Baker Street. Si le docteur préféra ne pas les mettre en forme pour la postérité, c'est sans doute parce que ses contemporains avaient une prédilection pour la littérature d'action. Néanmoins, certains de ces cas sont si intrigants et illustrent avec tant de pertinence les fascinants pouvoirs de déduction de Holmes qu'il nous a paru indispensable d'en partager un ou deux avec nos lecteurs du XXIe siècle.

L'histoire de la dame renfrognée est du nombre.

Le 14 août 1889, Mme Hudson vint remettre à Holmes la carte d'une dame venue le consulter. Se trouvant oisif en cette étouffante après-midi d'été, le détective pria l'excellente femme de bien vouloir faire entrer la visiteuse, une Mme Albert Latchcombe. Un bruit de pas qui n'avait rien de léger annonça l'entrée d'une femme corpulente au corset trop serré, âgée sans doute d'une quarantaine d'années. Les notes du Dr Watson, dans lesquelles les qualificatifs « irritable », « prétentieuse » et « manquant de perspicacité » étaient soulignés, nous donnent à penser que les manières de la visiteuse reflétaient son apparence. Watson, qui avait au contact de son ami aiguisé son sens de l'observation, remarqua que le nez de la dame était marqué des deux côtés d'un léger creux, « ce qui semble indiquer qu'elle porte souvent des lunettes ».

En entrant dans le salon, elle considéra les sourcils froncés l'ameublement, sans doute peu féminin à ses yeux, avant de lancer à Holmes puis à Watson des regards tout aussi désapprobateurs. Elle finit par se diriger vers ce dernier auquel

elle donna aussitôt du « M. Sherlock Holmes ». Ayant été informée de sa méprise, elle ne s'en excusa pas, préférant tendre la main vers un fauteuil dans lequel elle s'affala. Puis, à l'invitation de Holmes, elle raconta enfin ce qui la conduisait chez lui.

Dix ans plus tôt, elle avait rencontré puis épousé Albert Latchcombe, alors âgé de vingt-cinq ans, lieutenant de l'Armée des Indes, de retour en métropole à l'occasion d'une longue permission. Mme Latchcombe montra à Holmes la photographie d'un fringant jeune homme portant l'uniforme des lanciers du Bengale.

« Il ne fallait pas être bien sorcier, écrit le bon docteur dans ses notes, pour comprendre la manière dont chacun avait pu contribuer à cette union. Mme Latchcombe fournissait les finances et M. Latchcombe le charme. »

Mme Latchcombe s'était retrouvée presque immédiatement enceinte. Elle était restée en Angleterre, pour accoucher dans les meilleures conditions possibles, tandis que son époux repartait en Inde. Étant fille unique de parents aisés dont elle avait, à leur mort, hérité, elle n'avait aucun souci financier. L'enfant, un garçon nommé Albert en honneur de son père, naquit dans une maternité réputée ; sa mère le ramena dans la jolie villa à un étage avec vue sur les Sussex Downs acquise avec l'héritage familial. Puis elle attendit que son mari se remette à lui écrire et lui fasse parvenir son billet pour les Indes.

Pouvait-elle montrer une photographie de son cher enfant ? s'enquit le détective. Mme Latchcombe, après avoir fouillé son sac à main, dut avouer qu'elle n'en avait pas sur elle. Holmes opina du chef tout en adressant un regard intrigué au Dr Watson.

Les premiers temps, Albert, rapporta son épouse, écrivit assez régulièrement. Au bout de quelques mois, cependant, le flot se tarit. La jeune mère ne recevait plus que de rares missives – quant au billet tant attendu, il ne vint jamais. Tout d'abord, Albert, qui venait de passer au grade de capitaine, s'excusa de ne pouvoir faire venir sa petite famille en Inde. Au bout d'un an, il cessa tout bonnement de faire allusion à la chose.

Le temps passant, ces douze mois se firent vingt-quatre, puis trente-six, puis quarante-huit. La cinquième année, Albert Latchcombe cessa d'écrire à sa femme. Le docteur rapporte verbatim les lamentations de la dame : «Je me suis fait un tel sang d'encre, mois après mois, année après année, que j'en ai perdu l'appétit – je n'avais plus que la peau sur les os ! Une vraie petite noix.»

La ressemblance d'Albert junior avec son père, dont il était «le portrait craché» lui était devenue insupportable, si bien qu'elle l'envoya poursuivre ses études dans un internat réputé où, du reste, il se trouvait à cette heure.

«Vous imaginerez donc ma stupéfaction, poursuivit la dame renfrognée, lorsque, la semaine dernière, mon époux a surgi sans crier gare sur notre perron.»

Albert n'était resté que deux jours chez sa femme. Assez longtemps, précisa-t-elle, les lèvres pincées, pour reconnaître les lieux. Le premier jour, il semblait quelque peu embarrassé. Le lendemain soir, cependant, il lui annonça qu'ils n'étaient plus mari et femme. Albert s'était épris d'une indienne et vivait maritalement avec elle à Bangalore. Avant de quitter la maison, déclara Mme Latchcombe, cet « insolent personnage avait eu le toupet » de réclamer à sa première femme sa part de la dot, « car il avait toutes les difficultés à boucler les fins de mois avec sa maigre solde de capitaine. »

« J'ai pleuré comme une madeleine, croyez-moi, avoua Mme Latchcombe. J'ai le cœur en miettes, littéralement. »

L'épouse offensée ayant refusé de lui donner le moindre sou, le capitaine Latchcombe quitta le domicile conjugal en lui décochant un regard qui, selon Mme Latchcombe, « signifiait clairement son désir de lui rendre la monnaie de sa pièce. »

Intuition qui se révéla prophétique, expliqua Mme Latchcombe Le lendemain soir, alors qu'elle sortait de la salle d'eau (elle prenait toujours un bain avant de dîner) – elle ne portait alors qu'un peignoir et « ses cheveux, trempés, lui retombaient sur le visage et les épaules » –, elle entendit du bruit dans le salon. Elle lança un regard vers la pièce en question et aperçut un homme, qui ne pouvait être que le capitaine Latchcombe, fouiller dans les deux premiers tiroirs de son secrétaire. C'était là qu'elle conservait sa bague de fiançailles et autres bijoux de valeur acquis à l'époque de son mariage, de manière à pouvoir les contempler lorsqu'elle écrivait à son mari.

Lequel, horreur, avait donc décidé de les lui voler, lui qui était son époux devant la loi ! Elle se précipita en hurlant vers le salon. Mais le temps qu'elle parcoure les quelque quatre mètres qui la séparait de cette pièce, le capitaine avait raflé son butin et franchi la porte-fenêtre, qui donnait sur le jardin. Avant qu'il disparaisse, elle se rendit compte qu'il avait un collier de perles dans sa main droite et que la gauche était refermée sur une autre prise – elle réalisa plus tard que c'était sans doute les deux bagues et la broche d'émeraude qui manquaient à ses possessions.

Telle était la conclusion de son singulier récit. Holmes lui posa alors deux questions. Mme Latchcombe avait-elle informé les autorités de cet incident ? Non, répondit-elle, car elle ne souhaitait pas être livrée à l'opprobre public. Elle préférait régler les émoluments que Holmes exigerait, pourvu que ce dernier retrouve la piste du mari délinquant. Lorsqu'il se retrouverait en présence d'Albert, il lui proposerait le marché suivant : plutôt que de se retrouver derrière les barreaux, il abandonnerait « ce ridicule désir de vivre dans le péché avec une indigène », restituerait ses bijoux à sa femme et reprendrait leur vie commune, « en bon Chrétien ».

La seconde question de Holmes était factuelle. Quelles étaient les dimensions du salon de Mme Latchcombe ? Les sourcils plus froncés que jamais, elle répliqua qu'il était « de taille respectable – douze ou treize mètres, peut-être, de la porte à la porte-fenêtre ».

Ce qu'entendant, Holmes, avec un lourd soupir, se rassit dans son fauteuil. Il ne pouvait rien pour Mme Latchcombe, déclara-t-il.

« Mais pourquoi diable ? s'exclama la dame. De tout évidence, M. Holmes, vous n'êtes pas à la hauteur de votre réputation. Oui, vous êtes un bel escroc.

– Jugement des plus sévères, madame, rétorqua Holmes, glacial. Et je crains qu'elles s'appliquent davantage à vous qu'à moi. Je ne saurais venir en aide à des personnes qui manquent de sincérité. »

Sur quels points Mme Latchcombe avait menti à Holmes ?

23

Une affaire de lacunes

Dans *L'Étude en rouge*, Watson dresse la liste de ce qu'il appelle les « lacunes » de Sherlock Holmes.

Culture littéraire : zéro
‘’ ‘’ philosophique : zéro
‘’ ‘’ en astronomie : zéro
‘’ ‘’ en politique : très médiocre
‘’ ‘’ en botanique : variable

Lors d'enquêtes plus tardives (voir « Un scandale en Bohême » et « La Crinière du lion », par exemple), Watson se contredit en nous décrivant un Holmes bien plus cultivé que ce qu'il nous donne généralement à penser. Malgré tout, le « plus grand détective du monde » n'est pas une encyclopédie sur pattes. Et ses lacunes n'ont jamais été plus clairement délimitées qu'avec l'affaire des « amants de Litchburn » – Minnie Dean, qui habitait ce petit village de l'Oxfordshire, et son fiancé Ernest Pottinger –, comme les journaux de l'époque la baptisèrent. Nous avons reconstitué l'enquête à partir des notes de Watson et des articles que le *Oxford Times* consacra au procès de Minnie.

La jeunesse de Minnie avait été marquée par le malheur et les drames. Son père, le maître d'école du village, mourut lorsqu'elle avait seize ans. Elle prit en charge sa mère invalide et ses trois frères et sœurs, plus jeunes qu'elle. Le manque d'argent était chronique – ce qu'avait remarqué Maxwell Naysmith-Jones, le fils d'un petit noble du cru.

À force de flatteries et de petits cadeaux, ce hobereau âgé de vingt-cinq ans gagna la confiance de la ravissante Minnie. Il lui fit toutes sortes de promesses, parla même de mariage. Ce qui devait arriver arriva et, comme les commères du village l'avaient prédit, Minnie tomba enceinte. Naysmith-Jones, déclinant toute responsabilité, partit pour la Jamaïque s'occuper des plantations familiales. La détresse de la jeune fille fut accrue par la mort du bébé, cinq jours après sa naissance.

Deux ans s'écoulèrent. La mère de Minnie s'éteignit et deux de ses frères et sœurs quittèrent le foyer familial pour suivre leur propre voie. Mais le bonheur enfin revint dans la vie de Minnie lorsque Ernest Pottinger, un ancien élève de M. Dean, revint dans sa Bicester natale après de brillantes études de droit à Oxford pour ouvrir une étude d'avoué. Les deux jeunes gens se lièrent d'amitié ; on les rencontrait souvent se promenant ensemble dans la campagne environnante.

Ils avaient de nombreux points communs. Ils étaient tous deux d'une beauté qui sortait de l'ordinaire, adoraient la nature et les livres – passion qu'ils devaient au père de Minnie. Les commères qui avaient désapprouvé la liaison de la jeune femme avec Naysmith-Jones s'apprêtaient à entonner la marche nuptiale de Mendelssohn.

Ce fut alors que le séducteur s'en revint des Antilles. Minnie ayant tout simplement refusé de le saluer dans la rue il se mit à répandre les plus viles rumeurs sur « la petite gourgandine ». Négligemment accoudé au comptoir du Red Lion, il disait pis que pendre de son ancienne amante à qui voulait l'entendre. Racontars de plus en plus infâmes, jusqu'à ce qu'il en vienne à prétendre – « mais ce ne sont que des suppositions, bien sûr » – que Minnie avait tué son bébé – « par pur dépit, parce que j'ai dû partir en Jamaïque avant de pouvoir faire d'elle une honnête femme. »

Était-il possible de déposer une plainte en diffamation contre Naysmith-Jones ? se demanda Minnie, au désespoir. Ernest le lui déconseilla : la procédure était ruineuse et le persécuteur de la jeune femme prenait un soin diabolique à faire précéder ses assertions de prudents « On dit que... il n'est pas impossible que... ».

Minnie, impuissante à étancher ce flot de cruelles insinuations, commença à perdre courage. La proposition en mariage d'Ernest (qu'elle accepta avec joie) ne dissipa les nuées de sa détresse que pendant quelques jours.

Ce fut alors que par une glaciale matinée dominicale le cadavre de Maxwell Naysmith-Jones fut retrouvé au fond de la carrière de Pilcock. Il avait fait une chute de plus de trente mètres du rebord de la carrière de pierre et s'était brisé la nuque. Mort jugée accidentelle par la police locale. Mais les parents du mort ne l'entendirent pas de cette oreille et décidèrent de consulter Sherlock Holmes.

Le grand détective découvrit tout un faisceau d'indices contredisant la version officielle, tout en présentant Naysmith-Jones sous une lumière peu flatteuse. L'homme avait bu plus que de raison la veille de sa mort. Il était sorti en titubant du Red Lion un peu avant minuit. Plusieurs témoins oculaires, alertés par ses vociférations émaillées de jurons, le virent frapper violemment à la porte de Minnie.

« Laisse-moi entrer, Minnie ! »

Elle finit par accéder à sa demande et l'ivrogne s'engouffra dans le vestibule.

Joshua Plow, qui habitait en face de chez Minnie, déclara qu'un quart d'heure plus tard, la jeune femme et son ancien amant étaient sortis main dans la main.

« Elle n'était pas avare de sourires », assura Joshua.

Le couple contourna la maison et se dirigea vers la carrière. Il était alors minuit quinze.

« C'est que j'ai entendu les cloches sonner le quart », précisa le voisin.

Joshua ne tarda pas à être témoin d'une nouvelle scène : Ernest Pottinger accourant vers la maison de Minnie. Averti des débordements de Naysmith-Jones par un ami, il s'était rué chez sa fiancée pour s'assurer de sa sécurité. D'après les déclarations de Joshua, le jeune avoué était entré dans le vestibule de la maison, avait appelé Minnie et, ne la trouvant pas, avait allumé une bougie pour la chercher dans les autres pièces. Puis il était revenu sur le seuil et avait assisté au retour de sa fiancée. Ils s'étaient jetés dans les bras l'un de l'autre et avaient longuement discuté à voix basse avant de rentrer chez Minnie. Laquelle, selon Joshua, ne s'était absentée qu'une demi-heure. L'église avait sonné les trois quarts d'heure après minuit au moment où elle réapparaissait.

Que s'était-il passé dans ce laps de temps ? Minnie déclara qu'au lieu de se défendre contre un intrus ivre et violent, combat perdu d'avance, elle avait préféré convaincre

Naysmith-Jones de faire quelques pas en sa compagnie. Qui sait, la fraîcheur de la nuit pourrait l'aider à recouvrer ses sens. Il comprendrait alors à quel point son comportement était inconvenant et la laisserait en paix. Les bienfaits du grand air se faisant attendre, Minnie planta là son ancien amant et se hâta de rentrer chez elle. Mais leur promenade, affirma-t-elle, ne les avait pas dirigés vers la carrière.

« Vous vous êtes hâtée de rentrer chez vous ? C'est-à-dire ? » s'enquit Holmes lors de son entretien avec la jeune femme.

Eh bien, lui expliqua-t-elle au bout d'un instant de réflexion, elle avait marché au hasard pendant un moment avant de reprendre ses esprits ; puis elle était rentrée chez elle où elle avait eu la surprise de retrouver Ernest, qui l'attendait.

Plus tôt dans la journée, Holmes avait pris le temps de marcher à pas lents entre la maison de Minnie et le bord de la carrière. L'aller-retour lui avait pris un peu moins d'une demi-heure, soit le temps qu'avait duré l'absence de Minnie le soir de la mort de Naysmith-Jones.

Holmes avait posé une autre question à la jeune femme. En examinant le lieu où le cadavre de son ancien amant avait été retrouvé, il avait retrouvé un peigne de femme caché entre deux pierres. N'appartenait-il pas à Minnie ?

Le rouge aux joues, elle hocha la tête.

Pouvait-elle expliquer la raison de la présence de ce peigne en ce lieu, elle qui prétendait ne pas s'être approchée de la carrière ce soir-là ?

Oh, répondit-elle, Naysmith-Jones avait à plusieurs reprises tenté de la prendre dans ses bras, contre son gré. Dans ces luttes, sans doute s'était-il emparé de ce peigne qu'il avait gardé – comme un souvenir de ses vilenies passées, peut-être ?

Ou bien, suggéra Holmes, l'homme, l'esprit brouillé par l'alcool, ne l'avait-il pas arraché à Minnie tandis que cette dernière l'attirait vers le bord de la carrière avant de le pousser dans l'abîme ?

« Non, monsieur, c'est faux ! Jamais je n'aurais pu faire une chose pareille. Jamais je ne me suis approchée de la carrière, ce soir-là, je vous le jure. »

L'entretien avait lieu chez Minnie. En partant, Holmes croisa Ernest Pottinger à la porte du jardin. Les deux hommes se saluèrent avant de poursuivre leur route. Ernest se dirigea vers la porte d'entrée de la maison et Sherlock Holmes s'agenouilla derrière la haie qui fermait le jardin, sous prétexte de refaire ses lacets. Il voulait entendre les paroles qu'échangeraient les fiancés.

« Eh bien, ma chérie, dit Ernest à la jeune femme qui lui ouvrait la porte, je crois qu'il n'y aura pas de final à Stonehenge pour notre Tess de Lichtburn.

– Non, mon ange, répliqua-t-elle en riant. Je suis bien plus hardie que l'héroïne de ce bon vieux Tom, ha ha ! »

Ils s'engouffrèrent tous deux dans le vestibule et Holmes n'entendit pas le reste de la conversation. Il réfléchit quelque temps à ce bref dialogue avant de conclure qu'il ne s'agissait que d'un absurde badinage, comme ceux qui s'aiment en échangent parfois – à ce qu'on lui avait dit, car il n'avait jamais de sa vie pratiqué cet art futile.

Minnie Dean fut jugée pour le meurtre de Maxwell Naysmith-Jones sur la base des indices qu'avait rassemblés Holmes. Le *Oxford Times* prit dès les premiers jours la défense de « cette jolie jeune fille qui avait été harcelée et abusée toute sa vie par une canaille avinée » et n'hésita pas à donner les conseils qui s'imposaient aux jurés. Après douze heures d'une délibération mouvementée, ils se plièrent bien volontiers aux désirs du quotidien local et acquittèrent Minnie.

Holmes n'en fut pas surpris, même s'il estimait ce verdict erroné.

« Cela ne me ressemble absolument pas, Watson, avoua-t-il à son vieil ami. Mais je suis convaincu d'avoir négligé un indice essentiel. Mais que le diable m'emporte si je sais lequel ! »

Holmes ne se trompait pas. Mais quel était donc cet indice qui aurait pu convaincre les jurés de la culpabilité de la jolie Minnie Dean ?

24

LE SECRET DU CHIRURGIEN

Comme nous l'avons constaté avec « L'Affaire de la dame renfrognée », Holmes aimait résoudre rapidement les énigmes qui lui étaient soumises. Le récit qui va suivre, et que nous avons pu reconstituer grâce aux notes de Watson, nous donne une fois de plus à voir le grand détective élucidant une affaire sans quitter Baker Street.

Au tout début du XXe siècle, Lord Edward Frogmore, jeune baronet à l'immense fortune, se présenta au 221B Baker Street, les traits creusés par le souci, pour discuter avec le grand détective de ce qu'il décrivit comme « un problème excessivement intime ».

« Je ne suis pas prêtre, lui répliqua Holmes, mais je ferai ce que je peux. Mon tarif est de cinq cents livres. »

Lord Frogmore s'empressa de rédiger un chèque de cette somme et le posa sur la table basse.

Comme Holmes l'avait peut-être appris par la presse, ce jeune pair du royaume était fiancé à une Américaine, Agnès Axelson. Agnes avait 21 ans ; son père, Roald Axelson, avait fait fortune dans la construction de locomotives à vapeur. Les deux jeunes gens s'étaient rencontrés tandis qu'Agnès visitait le vieux continent en compagnie de son père. Mme Axelson, que des « obligations urgentes » avaient retenue aux États-Unis, devait arriver à Southampton à temps pour le mariage, qui aurait lieu un peu plus tard dans l'année dans la propriété du père de Lord Frogmore, le duc de Sussex.

Lord Edward adorait sa fiancée et n'avait aucune raison de penser que ces sentiments n'étaient pas réciproques. Que Holmes imagine par conséquent son désarroi lorsqu'un jour, son regard tombant par hasard sur le sous-main sur lequel Agnès écrivait, il déchiffra les lettres qui suivent :

ruoma nom, ruœc ud dnof ud…
…erdnieté tuep en neir euq

Lord Frogmore avait l'esprit vif. Il inversa immédiatement ces deux séries de lettres :

… du fond du cœur, mon amour
que rien ne peut éteindre…

Le jeune homme résista à la tentation d'interroger sur le champ sa fiancée. Mais dès qu'ils furent seuls, il lui demanda, avec toute la nonchalance dont il était capable, qui était le destinataire de cette lettre.

« Oh, ce n'est qu'un petit mot à mon chirurgien », répliqua-t-elle dans un joyeux éclat de rire.

Puis elle changea de sujet avec une telle alacrité que le soupçon s'insinua dans l'esprit de Lord Frogmore. Que savait-il du passé de sa fiancée ? Pas grand-chose, hormis le fait que, dix mois plus tôt, elle avait souffert d'une affection « intime » dont un chirurgien l'avait complètement sauvée.

Étant donné la nature du mal, Lord Frogmore n'avait pas osé poursuivre ses investigations. Mais à présent… C'était bien sûr ! Agnès était tombée amoureuse du jeune et séduisant praticien qui l'avait guérie de cette pénible maladie. De plus, comme il s'agissait très certainement d'une maladie gynécologique, le chirurgien avait dû pratiquer un examen poussé. Cette pensée attisa l'incendie couvant dans l'imagination fertile du jeune lord, que hantèrent désormais des visions lascives mettant en scène Agnès et le médecin. Cette relation supposée expliquait le voyage en Europe : son père, qui n'appréciait pas cette liaison, lui avait fait traverser l'Atlantique pour la séparer de ce séducteur au caducée. Ce qui n'avait servi à rien, puisque Agnès, à en croire sa missive, ne cesserait jamais d'aimer l'homme qui l'avait sauvée.

S'il rompait ses fiançailles, Lord Frogmore s'exposerait au ridicule et à la honte, ce qui rejaillirait sur les siens, déplora le jeune homme. Mais y avait-il une alternative ?

Holmes, tout en écoutant le récit de son client, avait extrait de sa bibliothèque un recueil de coupures de presse,

qu'il avait ouvert sur un article intitulé : «Jupes et bistouris : la médecine du XXᵉ siècle aux États-Unis».

«Lord Frogmore, auriez-vous l'obligeance de me rappeler le nom de votre fiancée ? demanda-t-il, l'index posé sur une phrase dudit article.

– Mlle Agnès Axelson.

– Et cela s'écrit… ?

– A, X, E, L, S, O, N.

– Eh bien, reprit Holmes en se levant pour ranger le recueil sur son rayonnage d'origine, votre ligne de conduite est simple.»

Il se pencha vers la table et ramassa le chèque de cinq cents livres.

Lord Frogmore se pencha vers son interlocuteur, le regard inquiet.

« C'est-à-dire, M. Holmes ?

– N'accordez aucune importance à ce malheureux sous-main et épousez Mlle Axelrod, comme prévu. Je vous promets que vous n'avez rien à craindre de son chirurgien. »

Comment Holmes pouvait-il en être aussi certain ?

25

L'Aventure de la bande de Highgate

L'un des derniers cas dont Watson se soit fait le chroniqueur dans les notes en notre possession fait intervenir le téléphone – dont le réseau était en pleine expansion – et son (mauvais) usage par la pègre. Tout commence au cours de l'été 1911 avec une série d'attaques de banque particulièrement audacieuses perpétrées à Londres, non loin du viaduc de Highgate.

Trois hommes masqués armés de gros pistolets avaient, en plein jour et à quelques semaines d'intervalle vidé les caisses de trois banques : la Westminster, la National Provincial et la Lloyds. Ils commençaient par affoler les clients et les employés en tirant plusieurs coups de feu (un client avait perdu la vie et un caissier avait été gravement blessé dans deux incidents distincts), puis faisaient peser la menace d'un bain de sang généralisé, à moins que ne soit remis aux malfaiteurs « toutes les espèces disponibles ». À chaque fois, les malfrats étaient parvenus à s'enfuir avec plus de dix mille livres dans leur grand fourre-tout en cuir.

La police de Londres fit travailler tous ses indicateurs des bas-fonds, à la recherche d'un indice qui puisse les mettre sur la piste des cambrioleurs. Mais cette fois-ci, par peur des représailles, les bavards se tenaient cois, en dépit des sommes qui leur étaient offertes. Les membres de la « Bande de Highgate », comme les avait surnommés la presse, étaient de toute évidence sans pitié, quelle que soit leur identité.

Ce fut grâce à un passant courageux que ces méfaits prirent fin. L'homme, qui se trouvait près de la porte d'une succursale

de la Lloyds Bank au moment même où les bandits s'enfuyaient avec leur butin, n'hésita pas à tirer sur le foulard rouge qui masquait le visage du troisième fuyard. Impossible de se méprendre sur cette physionomie : c'était celle de Jo Yendle, un célèbre malfaiteur déjà deux fois condamné pour vol. Le scélérat se retourna vers son assaillant qu'il se mit à frapper à coups de crosse. Sans doute aurait-il fini par le tuer si de nombreux passants ne s'en étaient mêlés et ne l'avaient plaqué au sol, en attendant l'arrivée de la police. Dans l'intervalle, les deux autres voleurs s'étaient éclipsés à bord d'une voiture volée.

Bien qu'inculpé de meurtre et de quelques autres crimes, Yendle refusa de livrer les noms de ses deux complices en fuite. Sa fouille ne fournit qu'une pièce à conviction d'un certain intérêt : c'était un carnet dans lequel figuraient quelques dates et des indications diverses, de la main de Yendle, confirmèrent les services de police. Une liste en particulier retint l'attention des enquêteurs. Intitulée « Accords », elle comprenait des numéros de téléphone et des pourcentages :

HAMPSTEAD	847
ABBEY	758
MOORGATE	212
PADDINGTON	887
DILIGENCE	001
EDGEWARE	666
NATIONAL	992
= 30 %	= 15 %

Lorsque la police fit appeler ces numéros, ils comprirent rapidement ceci : soit ces numéros n'existaient pas, soient ils étaient attribués à des abonnés au téléphone manifestement innocents.

Les inspecteurs responsables de l'enquête finirent par apporter le carnet de Yendle à Sherlock Holmes : il saurait sans aucun doute déchiffrer ces indications.

En vingt minutes, en effet, il leur eut fourni les noms des deux autres membres de la Bande de Highgate.

Comment s'appelaient ces deux hommes ?

Les solutions

Les solutions

Le Mystère du baron Galtür

Voici ce que conseilla Holmes à l'avocat viennois du baron Galtür :

Tout d'abord, vérifier les pointures des souliers portés par le baron et les frères Wasptakker. Sans doute étaient-elles similaires toutes les trois – il se pouvait aussi que celle de George soit légèrement plus petite que celle des deux autres protagonistes du drame. De ce fait, il pouvait porter les chaussures des deux autres hommes.

Ensuite, demander à l'agent de police du village, à l'aubergiste et aux policiers de Vienne s'ils avaient inspecté les auvents de l'auberge pendant les cinq journées de froid très vif qui avaient suivi le meurtre. N'avaient-ils pas remarqué qu'une longue stalactite de glace avait été brisée près de la fenêtre d'Egmont ? C'était selon Holmes l'arme du crime, et non pas la baïonnette du baron.

Ne pas hésiter à interroger George, si possible, ou relire avec le plus grand soin la transcription de son entretien avec les autorités. Selon son défunt frère, George était bien plus épris d'Elizabeth que lui : comment un jeune homme aussi sérieux, aussi passionné pouvait réagir à la nouvelle que sa bien-aimée avait été séduite par un Don Juan sans cœur – même si le scélérat n'était autre que son frère ?

Enfin, interroger l'aubergiste et ses employés sur les relations qu'entretenaient les frères Wasptakker. Avaient-elles toujours été bonnes? Se disputaient-ils parfois? Et à quel sujet?

L'avocat du baron suivit les conseils du détective et fut en mesure de proposer à la justice une version alternative et parfaitement plausible de ce qui s'était passé la nuit du crime. Ayant appris la manière dont Egmont avait traité Elizabeth, cette jeune fille qu'il adorait d'une chaste passion, George von Wasptakker, le cœur brisé, avait été envahi d'une colère irrépressible. Lorsqu'il avait entendu le baron menacer son frère de le tuer, il avait résolu de se charger de cette exécution sommaire, pour expier la mauvaise conduite de son cadet et protéger ce qui restait de l'honneur de sa bien-aimée. Il avait l'intention, une fois son frère éliminé et le baron pendu ou sous les barreaux jusqu'à la fin de ses jours, d'épouser Elizabeth et de prendre soin de l'enfant qu'elle portait.

Il fallait tout d'abord tuer Egmont.

George avait égorgé son frère à l'aide d'une épaisse stalactite de glace, qu'il avait détachée de l'auvent du toit, près de la fenêtre de son frère endormi. Un coup avait suffi. Il avait fait fondre l'instrument du crime dans la cheminée de la chambre, éteignant le feu au passage.

Il lui fallait ensuite faire incriminer le baron. George avait fouillé les poches de son frère, y avait trouvé les clefs du château et, empruntant les bottes du mort, s'était rendu dans la neige jusqu'à la porte de service dudit château. Une fois dans l'office, il avait ôté les bottes de son frère et avait enfilé celles du baron – ce dernier les avait laissées à son valet pour qu'il les nettoie. Après avoir essuyé et remis à sa place une baïonnette de la panoplie exposée dans la salle d'apparat, George, sorti du château par la grande porte, était allé jusqu'à l'auberge avant de rentrer à Galtür, donnant ainsi l'impression que le baron s'était rendu à l'auberge.

Il lui suffisait maintenant de procéder à l'échange des bottes et à rentrer à l'auberge avec celles de l'homme qu'il avait tué. Le piège était tendu. Le matin, en découvrant sa victime, il feindrait l'épouvante, « découvrirait », comme les autorités, les empreintes dans la neige, la baïonnette essuyée… Et se souviendrait opportunément des menaces exprimées par le baron à l'encontre d'Egmont.

L'avocat viennois obtint l'acquittement de son client, mais ce fut le jeune George qui reconnut lui-même sa culpabilité, dans une longue lettre qu'il écrivit avant de se faire sauter la cervelle dans la forêt viennoise. Les aveux du meurtrier confirmèrent la version de Holmes et lui valurent un paiement de cinq guinées de la part d'un Dr Watson que sa perspicacité laissa sans voix.

L'Aventure de l'*Adelaide Star*

Holmes, que le fonctionnement de l'esprit criminel passionnait toujours autant, se méfia d'emblée du témoignage de

Mme Thriepland : une mort soudaine, un ensevelissement en mer, un vol ? Il était difficile de croire à un tel faisceau de coïncidences.

Le télégramme que Mme Thriepland disait avoir reçu de son mari ajouta aux soupçons de Holmes. Pourquoi se donner la peine d'écrire alors qu'il pouvait en parler face à face avec son épouse ? Le message ne priait-il pas la jeune femme de ne s'exprimer que par les yeux, faute de pouvoir en discuter directement avec l'expéditeur ? Si tel était le cas, le « Teddy » du télégramme n'était pas M. Edward Thriepland. D'ailleurs, ce nabab aux manières rustiques était-il réellement si friand de métaphores semi-poétiques appliquées au physique avantageux de sa maîtresse (« tes yeux qui brillent », « notre futur resplendit ») ? N'était-ce pas plutôt une référence cachée aux diamants ? La citation de Macbeth (« Pour le reste, laissez-moi faire ») était tout aussi inquiétante dans ses implications (dans la pièce, c'est par ces mots que Lady Macbeth, au premier acte, prend la direction des criminelles affaires du couple.)

Holmes commença à y voir plus clair à Hatton Garden, où il apprit l'existence de l'individu venu « des colonies » qui voulait vendre des diamants non montés. Les diamants de Thriepland, peut-être ? Si tel était le cas, la fausse épouse du millionnaire avait donc un complice. N'était-ce pas le « Teddy » du télégramme ?

La visite aux bureaux de la compagnie O & C lui permit de resserrer l'étau. Le deuxième prénom du Dr Hogwin E.

Palfrey, qui avait si rapidement remplacé le médecin habituel de l'*Adelaide* n'était autre qu'Edward.

« Mon cher Watson, si vous aviez été baptisé Hogwin, n'auriez-vous pas préféré qu'on use de votre second prénom ? »

Après s'être entretenu avec le capitaine Penprase et Nancy Denne, Holmes put se faire une idée de la mortelle intrigue concoctée par le Dr Palfrey, canaille sans cœur déterminée à s'enrichir par tous les moyens. Emma Trowbridge, sa petite amie, occupait un emploi de secrétaire chez Colonial Gems, à Melbourne. Follement éprise de Palfrey, elle partageait ses rêves de fortune. À la demande de son amant, elle devint la maîtresse de Thriepland, son patron, et s'embarqua avec lui en Angleterre en se faisant passer pour Mme Thriepland. Palfrey fit consommer une dose de poison non mortelle au médecin de l'*Adelaide* pour pouvoir prendre sa place au cours de la traversée.

Réunis à bord, les deux amants purent enfin travailler à la réalisation de leur sinistre plan. Le diagnostic d'attaque cardiaque dont parlait Palfrey n'abusa pas Holmes une seconde : l'infarctus du myocarde s'accompagne toujours d'un accès de transpiration. Or, le capitaine Penprase avait trouvé la peau du mourant très sèche. De plus, le malheureux avait voulu attirer l'attention de l'hôtesse d'un geste du bras gauche – impossible, en cas d'infarctus. Étrange, de même, le fait que Palfrey, sacoche en main, ait répondu si vite à l'appel de l'infirmière. Comme s'il savait ce qui allait se produire.

Mais ce furent les macarons consommés par le Dr Palfrey qui achevèrent de convaincre Holmes, le meilleur expert es poisons de son époque. Ces macarons dégagent une odeur d'amande – plus exactement, de cyanure de potassium. Destinée, Holmes le comprit, à brouiller les cartes. Car c'était ce poison mortel que Palfrey injecta à Thriepland, au lieu de la morphine évoquée. Les terribles maux de ventre du millionnaire avaient été causés sans doute par une substance plus anodine, administré avec son thé de l'après-midi par la fausse Mme Thriepland. Palfrey la lui avait procurée ; sans doute était-ce le poison utilisé pour le médecin de bord.

Quant à l'ensevelissement en mer, c'était, reconnut Holmes, « diaboliquement ingénieux ». Si Palfrey et sa complice pouvaient être inculpés pour vol, la preuve du *meurtre* commis par eux gisait tout au fond de l'Atlantique sud.

Mais, comme c'est souvent le cas, le meurtrier voulut trop en faire. En épousant Emma Trowbridge, Palfrey pensait s'assurer de son silence. Lorsqu'elle lui confia ses remords, cependant, il décida de se débarrasser d'elle. Par le poison, encore une fois – un poison à effet lent.

En examinant le corps d'Emma, qui se trouvait encore aux pompes funèbres, Holmes identifia les symptômes de l'empoisonnement par l'arsenic. Les diamants de Thriepland furent retrouvés dans le coffre du docteur assassin. « Teddy » Palfrey fut inculpé pour vol et pour le seul meurtre d'Emma Trowbridge – et non celui d'Edward Thriepland, au grand regret de Holmes.

Le Mystère du shakespearien poignardé

Aucun des deux verres retrouvés chez le Pr Thomas ne portait de trace de rouge à lèvres : si cela n'innocentait pas Hélène La Chaise, cela rendait aux yeux de Holmes sa culpabilité moins certaine. Si Thomas avait réellement été tué par l'aiguille à tricoter retrouvée chez La Chaise, le meurtre était donc prémédité : alors, pourquoi la dispute entendue de tous – et n'y avait-il pas d'arme plus fiable ?

Certes, Hélène avait un mobile. Mais Wynberg tout autant : sa réputation était également en jeu.

Holmes interpréta ainsi les échanges entendus par le concierge et l'étudiant : « Hélène » n'était pas Mlle La Chaise, mais l'héroïne grecque dont le visage « lança un millier de navires » dans la pièce de Marlowe, *Docteur Faust*. « Dette » était la première syllabe de « Deptford », où fut assassiné Marlowe. « Taquin » – ou plus exactement, « n'est qu'un », se référait clairement à l'étrange déclaration de Wynberg, « Ce pion, mon œil » ou plutôt : « Espion, mon œil ». Les allusions moqueuses de Thomas à Marlowe (« Ce n'est qu'un espion ») avaient suscité chez Wynberg, sous l'emprise de l'alcool, un désir de meurtre. Il continuait de réfuter cette accusation fatale (« Un espion, mon œil », que le portier avait mal interprété) une fois son crime commis. Les brumes de la boisson ne s'étaient pas dissipées.

Et l'arme du crime ? C'était la plume d'or de Wynberg. Ivre, enragé par les flèches savantes du Pr Thomas, l'Américain avait sorti la plume de sa poche et l'avait plongée dans l'œil de son ennemi : c'était ainsi que Marlowe avait perdu la vie dans une taverne de Deptford en 1593. L'inspecteur d'Oxford, au moyen d'une loupe prêtée par Holmes, trouva de curieuses traces brun-rouge à l'intérieur de l'instrument. Du sang – ce que Holmes confirma grâce à ses connaissances révolutionnaires en matière de chimie.

Wynberg ne put, devant ce faisceau de preuves, que passer aux aveux. Emprisonné, il fut jugé par la cour d'assises d'Oxford.

La Dame du Kent

Le récit de Mme Flowers ne convainquit pas Holmes : trop d'incohérences et de détails troublants.

Tout d'abord, la marque sur la bottine de la dame : le feu n'y était pour rien. Un produit chimique corrosif l'avait causée. Mais où et comment, puisqu'elle n'avait plus mis les pieds dans le laboratoire de Gregory Flowers depuis des années ?

De plus, les sanglots hystériques de Mme Flowers semblaient trop appuyés à Holmes, qui les attribua au talent dramatique plus qu'à l'émotion. Les cernes parurent à ce maître du déguisement tout aussi factices. Et lorsque Mme Flowers prit un soin extrême à ne pas tacher son mouchoir en s'essuyant les yeux, le grand détective songea que ces marques ne devaient pas grand-chose à l'insomnie. L'emploi par la jeune femme du terme de « côté cour » pour décrire la position du verre de Wincott Flowers trahissait une certaine familiarité avec la scène.

Troisièmement, les « protestations excessives »* de Mme Flowers, que relève le Dr Watson dans ses notes. Pourquoi ne pas aviser la police des agissements de Gregory Flowers, s'ils étaient si criminels qu'elle le pensait ? Et surtout, pourquoi ne pas en parler avec son mari ? L'excuse du « Je ne voulais pas l'inquiéter » ne tenait pas. Cette mise en accusation de Gregory était trop véhémente pour ne pas cacher quelque chose, ce que Holmes comprit immédiatement.

Quatrièmement, les déplacements de la dame. Si elle avait pris le train à Turnbridge Wells vers midi, elle aurait dû arriver à Baker Street en début d'après-midi puisque, selon ses dires, elle s'était rendue directement de la gare de Victoria jusque chez Holmes. Or, la nuit était déjà tombée lorsqu'elle fit son apparition. Où s'était-elle rendue dans l'intervalle ?

Cinquièmement, le fiacre qui l'avait conduite à Baker Street venait du nord de Londres. Lorsque Watson était entré dans le salon de son ami, il avait vu le visage de

* C'est une allusion au *Hamlet* de Shakespeare.

Holmes illuminé par le soleil couchant. Effectivement, les pièces du 221B Baker Street donnaient vers l'ouest. Au bas de l'immeuble, les véhicules circulaient du nord au sud. Et c'est de ce côté que le fiacre de Mme Flowers s'était arrêté. Elle prétendait venir directement de la gare de Victoria : mais en ce cas, le fiacre aurait circulé de l'autre côté de la rue, qu'elle aurait dû traverser pour se rendre au 221B.

Enfin, Holmes, dont le sens de l'odorat était digne de celui d'un chien de chasse, avait perçu l'odeur de tabac que dégageaient les vêtements de la dame. Détail qui accrut ses soupçons. Il fut même en mesure d'expliquer à Scotland Yard qu'il avait identifié le tabac en question – un mélange peu commun qui n'était vendu que chez un seul buraliste à Londres, à Swiss Cottage. Comme ni Mme Flowers, ni son mari ne fumaient, et qu'il était fort peu probable qu'elle ait voyagé avec un adepte de cette marque si particulière, Holmes déduisit qu'elle ne venait pas de la gare de Victoria, mais d'un rendez-vous dans le nord de Londres, à Swiss Cottage, avec une personne qui fumait.

À la lumière de ces quelques indices, Holmes estima que la dame avait un intérêt sentimental et financier à la disparition prématurée de son époux. Il fit rapidement part de ces conclusions à Scotland Yard. Une enquête fut diligentée sans retard : Mme Flowers avait effectivement un amant, un certain William Gramolt, qui habitait dans le nord de la capitale. Elle l'avait connu dans sa jeunesse, lorsqu'elle était actrice. Les deux amoureux avaient décidé d'accaparer la fortune des Flowers.

Tout d'abord, Elizabeth avait trouvé le moyen de se concilier les bonnes grâces de George Flowers, qui lui avait enseigné des rudiments de chimie dans son laboratoire. Cet emploi lui avait permis de rencontrer Edward, qu'elle avait poussé au mariage en se prétendant enceinte de lui. Un mensonge : et le fait que leur union n'ait porté aucun fruit en cinq ans avait incité Holmes à penser que le couple n'était pas aussi heureux que Mme Flowers l'avait soutenu lors de son entretien avec Holmes.

L'ultime étape de ce diabolique complot était l'empoisonnement d'Edward. Ainsi sa veuve pourrait hériter de sa fortune, tandis que les faits incriminaient Gregory. Qu'il aille à l'échafaud : les amants ne s'en souciaient pas, pourvu que les soupçons ne retombent pas sur eux.

Le rendez-vous avec Holmes était dans cette optique un coup ingénieux mais très risqué. Elizabeth avait gravement sous-estimé les capacités du grand détective. L'ombre de l'accusation, au lieu de se poser sur Gregory, avait fondu droit sur elle.

Les notes de Watson ne disent rien du sort réservé à Elizabeth Flowers et à William Gramolt, bien que nous puissions le deviner. La conclusion de cette affaire revient à Holmes lui-même. Voici ce que le Dr Watson écrit à la fin du dossier : « Tandis que nous rentrions à Baker Street en fiacre, je demandai à mon ami ce qu'il retenait de cette aventure.

'Rien du tout, mon cher Watson, me fut-il répondu, même si elle n'a fait que renforcer la pertinence d'une de mes règles d'or.

– Ah ! Et laquelle est-ce ?'

Holmes se tut un instant. Une ombre de sourire dansa sur ses lèvres minces.

'Malheureusement, vous et vos amis épris de romantisme auront du mal à la suivre, cher Watson. Je vous la livre quand même : En quelque circonstance que ce soit, ne laissez jamais un joli visage vous détourner du chemin de la raison.' »

L'Affaire de la broche en émail

Lorsque Emily de Chablis supplia Holmes de l'aider à découvrir la lignée de son père, une curieuse lueur passa dans le regard du détective, qui la scruta de nouveau avec un vif intérêt. Il leva les yeux au plafond avant de fixer ses pieds. Watson en resta coi : pendant une bonne minute, Holmes semblait avoir perdu sa langue !

Lorsqu'il la retrouva, ce fut pour parler « d'une manière curieusement prudente, comme s'il fallait lui extraire les mots un à un de sa bouche. » Oui, confia-t-il à sa cliente, il se souvenait du meurtre de M. Édouard de Chablis, dont la presse française s'était faite l'écho. Il toussota. Ce malheureux jeune homme avait été abattu par des communistes car il était un ami intime de Louis-Philippe Albert d'Orléans, comte de Paris, que les royalistes français considéraient comme l'héritier du trône de France. On disait même – Holmes toussa de nouveau – qu'Édouard de Chablis était un lointain parent du comte. En d'autres termes, un sang royal coulait dans ses veines.

Ces nouvelles ravirent Mlle de Chablis. Cela expliquait l'inestimable broche et le fait que sa mère ait dû si vite quitter Paris : n'était-elle pas, elle aussi, visé par ces assassins ?

« Donc, je puis dire à mon futur beau-père que, de l'avis d'un personnage aussi respectable que le grand M. Sherlock Holmes, je suis sans doute de sang royal ?

– Mais oui, mademoiselle de Chablis, fit Holmes en hochant la tête. Vous avez ma bénédiction. »

Aussitôt la jeune femme repartie, Holmes se mit à marmonner.

« Ah, ce n'était qu'un demi-mensonge, après tout, Watson. Pauvre jeune fille ! Ce n'est pas à nous de lui briser le cœur en révélant sa naissance illégitime et faisant d'elle le cœur d'un scandale national. Vous en conviendrez ? »

Le docteur ouvrit de grands yeux. Holmes, écrit-il en conclusion à l'affaire, poussa un soupir exaspéré et se demanda à haute voix comment quelqu'un si peu capable d'interpréter les faits placés sous son nez pouvait se permettre d'émettre un diagnostic. Voici ce qu'il expliqua à son ami.

Dès qu'il avait posé le regard sur Mlle de Chablis, ses soupçons s'étaient éveillés. Il avait, contrairement à Holmes, immédiatement compris à qui elle ressemblait. Ce que confirmèrent le bijou et son année de naissance. « Chab » n'avait rien à voir avec Chablis : c'était le Chabanais, le plus célèbre bordel de Paris, fréquenté par les nobles et les hommes politiques. Ce n'était certainement pas la grammaire anglaise qui avait permis à Liza Wilkins de gagner sa vie durant son séjour à Paris. Édouard de Chablis, qu'il soit ou non de sang royal, n'existait pas. Le nom de famille était fictif. Mlle Wilkins ne l'avait adjoint à « Édouard », version française du prénom du vrai père de sa fille, que pour donner quelque respectabilité à sa grossesse.

Cet « Edward » dont le nom figurait sur la broche n'était autre que le prince Edward, le fils aîné de la reine Victoria. Habitué bien connu du bordel cinq étoile où travaillait Liza Wilkins à l'époque où cette dernière avait conçu la petite Emily, le prince « du Chabanais » avait sans doute offert ce bijou à la jeune prostituée en signe de royale gratitude pour les services qu'elle lui avait rendus.

Mais, et le physique d'Emily de Chablis ?

« Elle ne ressemble pas le moins du monde au prince Edward, notre futur Edward VII, protesta Watson.

– Bien sûr que non, s'exclama Holmes au comble de l'irritation. Cette demoiselle ne ressemble pas à son père mais à sa grand-mère. Vous faut-il des lunettes ? Elle est le portrait craché de la jeune Victoria. »

Watson ne nous dit pas comment il réagit à la révélation. Mais le fait d'avoir attribué la classification PP à cette affaire explique sa totale discrétion sur la généalogie de Mlle de Chablis, qui resta inconnue de tous.

Le Mystère du quatrième trombone

Voici une occurrence d'une utilisation par Holmes de ses connaissances musicales dans l'exercice de ses fonctions. Les soupçons de Holmes furent cette fois-ci éveillés par de trop nombreuses coïncidences. Tout d'abord, la disparition subite du tromboniste des rangs de l'orchestre. Détail en soi ordinaire, mais que d'autres incidents rendaient inquiétant.

Tout d'abord, le fait que Horvath ait posé une montre près de la partition. Holmes, qui n'avait jamais vu un chef d'orchestre agir de cette manière, en fut intrigué. Lorsque le Hongrois commença à introduire des *ralentandos* et des *accelerandos* dans son exécution – ce que Holmes constata car Horvath ne parvenait plus à battre la mesure de sa main – les choses se firent un peu plus claires. La perplexité des musiciens de l'orchestre le confirma : le comportement de Horvath n'était pas dans la norme. La seule explication possible, suggéra Holmes sur le moment, était que Horvath voulait donner à l'œuvre une longueur bien déterminée.

Mais pour quelle raison ? Ce fut alors que Holmes apprit la mort du tromboniste, tué d'une balle dans la tête au moment où l'ouverture de Tchaikovsky atteignait son paroxysme. Coïncidence absolument extraordinaire – sauf si, bien sûr, le chef d'orchestre avait pu influer sur la durée de l'œuvre. Ainsi, la musique couvrirait la détonation provoquée par le « suicide » du tromboniste.

Holmes attira l'attention de Scotland Yard sur ces faits. Une enquête approfondie fut diligentée : et comme le grand détective l'avait supposé, un complot répugnant fut mis à jour.

Oskar Horvath était un brillant chef d'orchestre, certes, mais également un joueur effréné. De Mainville, le tromboniste, n'avait pas le quart de son talent musical mais, fils unique d'un grand banquier, il était bien plus fortuné. Horvath lui avait emprunté des sommes colossales. Le maestro ne pouvant rembourser le musicien, ce dernier menaça de révéler son vice au public. Au bout du rouleau, Horvath consacra ses dernières guinées à louer les services d'un tueur à gage.

Les deux complices concoctèrent un plan qu'ils estimaient excellent. Un docteur sans licence procura à Horvath un poison qui, administré au tromboniste, causerait un malaise violent, quoi que sans gravité. Le tueur à gages se mêla au personnel du Royal Albert Hall pour empoisonner un sandwich qu'il fit manger à sa victime durant l'entracte qui séparait la cantate de Sullivan et l'ouverture de Tchaïkovsky. Lorsque les musiciens revinrent sur scène, de Mainville présenta ses excuses avant de courir aux toilettes. Il y vomit abondamment. L'assassin attendit que la Salle Verte se vide avant de rejoindre sa proie. À 17 h 43 précises, alors que Horvath faisait tonner les cymbales, il abattit de Mainville avant de déposer l'arme près du corps.

L'hypothèse d'un suicide consécutif, peut-être, à une dépression aggravée par un puissant accès de grippe intestinale ne tenait plus. La police se retourna vers Horvath et son complice.

« Ces deux hommes savaient manier les aiguilles et la baguette, on ne peut pas le nier, remarqua ironiquement Holmes en discutant de l'affaire avec son ami Watson, quelques semaines plus tard. Mais ils n'avaient pas prévu l'arrivée d'un certain grain de sable.

– C'est à dire ?

– Eh bien, ce n'était pas bien malin de leur part de commettre leur méfait pendant un concert auquel j'assistais, Watson. »

L'Énigme du poète étranglé

Pas un moment Holmes ne considéra Lord Abbas comme un suspect plausible. Il aurait fallu la subtilité d'une Elizabeth Flowers pour prendre le risque d'embaucher un détective pour enquêter sur un crime que l'on a soi-même commis… Et comme Cranmer House n'avait fait l'objet d'aucune effraction, le meurtre avait sans doute été commis par une personne qui y demeurait. Les tendances pédophiles de Fawcett fournissaient un mobile évident : cela du reste sema la confusion dans l'esprit de Holmes pendant un moment.

C'était lors de son entretien avec Mme Mussett que le grand détective changea son fusil d'épaule. Une jolie veuve qui «adorait son poste»; un splendide jeune homme qui venait régulièrement la voir pour qu'elle traite ses «brûlures d'estomac»; un poète pédophile qui déplorait en vers la «tempête» au-dessus de sa tête et promettait de trahir ce qu'il haïssait… Holmes ne tarda pas à se faire une idée de la vérité.

Les deux coupables commirent des erreurs fatales durant leurs entretiens respectifs avec Holmes. Mme Mussett mentionna plusieurs fois Crawley par son prénom, dans une maison où seuls les patronymes étaient usités. Quant au séduisant rugbyman, comment avait-il pu entendre l'horloge sonner la demie de minuit, s'il se trouvait réellement dans son dortoir, lequel donnait sur la façade sud-ouest de la bâtisse ? Le vent était si fort cette nuit-là qu'il n'aurait pu entendre les cloches que de l'autre côté du bâtiment : à l'abri du vent, la fenêtre ouverte donnant directement sur l'église. Comme les offices étaient fermés à clef, il ne pouvait se trouver que dans le bureau de Fawcett, à l'heure même de l'assassinat.

L'inspecteur Granger découvrit chez Mme Mussett deux billets de ferry pour le trajet Weymouth-Barfleur. Ayant appris de Wray que Lord Abbas avait demandé au célèbre

Holmes d'enquêter sur le meurtre de Fawcett, c'était pour se les procurer que Mme Mussett était allée à Weymouth et non pour rendre visite à sa sœur. La jolie veuve voulait s'enfuir avec son jeune amant en France le lendemain soir.

Projet qu'elle avoua à Granger sans difficulté. Elle et Sebastian s'aimaient ; ils voulaient vivre ensemble. Cela n'avait rien à voir avec la mort du malheureux Fawcett. Mais l'élu du cœur de Mme Mussett fut moins résistant. Les preuves – indirectes, certes – rassemblées contre lui étaient si manifestes que Crawley ne résista pas aux coups de boutoir des inspecteurs.

Il était si désireux d'éviter la corde qu'il chargea Sophia Mussett de tous les vices. Elle l'avait séduit quatre semaines plus tôt, avoua-t-il. Leurs bruyantes joutes amoureuses avaient été interrompues par Fawcett la nuit de la tempête et c'était Sophia, encore elle, qui avait supplié Sebastian de faire taire Fawcett, qui voulait les dénoncer, causant ainsi leur déshonneur. Elle encore qui avait suggéré que Lord Abbas, dont les menaces à l'encontre de Fawcett étaient connues de tous, serait sans doute suspecté. Incapable de résister aux exigences de la belle veuve, Crawley était descendu dans les appartements du poète et l'avait étranglé.

« Drôle d'affaire, marmonna Lord Abbas en tendant à Holmes un chèque qui correspondait à la seconde moitié de ses émoluments. Ah, quand le cœur s'emballe, la tête s'emmêle, pas vrai ? »

Holmes ne répondit pas.

L'Incendiaire d'Axelbury

L'enquête sur le vol du collier de Mlle Teasbury avait été menée par la police du Somerset, qui avait fait chou blanc. Bien qu'impuissants à la démontrer, ils étaient persuadés de la culpabilité de Piccard Grantham. Ce dernier ayant été arrêté et condamné dans une autre affaire, ils décidèrent cependant d'attendre sa sortie de prison avant de reprendre l'enquête. Lorsqu'il serait libre, ils le feraient surveiller et ne tarderaient sans doute pas à remettre la main sur le collier.

« Ah, s'ils avaient posé les questions qui s'imposaient lors de son interpellation, grommela Holmes. Nous n'aurions pas eu besoin de perdre notre temps dans le Somerset. »

Mais quelles étaient ces questions ? s'enquit Watson, qui ne releva pas la seconde partie de la remarque de Holmes.

Holmes égrena sa liste : premièrement, comment le voleur pouvait-il savoir que les occupants du manoir avaient l'esprit ailleurs, ce qui lui permit d'entrer sans être remarqué ? Deuxièmement, le fait d'avoir repéré immédiatement la chambre de Mlle Teasbury et l'endroit où elle gardait ses bijoux relevait-il réellement du hasard ? Troisièmement, un homme qui n'avait jamais conduit d'automobile et qui n'avait quasiment aucune idée sur la question était-il vraiment capable de s'enfuir au volant d'un de ces véhicules ?

Quatrièmement, que faisait l'intrus près de la voiture, s'il n'essayait pas de la faire démarrer ?

Holmes avait dès le début de son enquête déterminé que le voleur avait certainement un complice parmi les habitants d'Axelbury Hall. D'où sa facilité à repérer le collier. Puis vinrent les entretiens et la mention à plusieurs reprises des voyages à Shepton Mallet, où Grantham était incarcéré. La liste des suspects se réduisit alors à deux noms : Hazelhurst, le chauffeur, et Molly, la femme de chambre.

Holmes avait réfléchi au lien entre l'incendie de l'auto et le vol. Deux méfaits aussi graves au même endroit, à quelques mois d'intervalle : ce ne pouvait être une coïncidence. Pour autant, il n'était pas parvenu à une conclusion définitive. En discutant avec Hazelhurst et le cocher du fiacre, il avait noté quelques différences de mode opératoire entre l'incendie d'Axelbury et les quatre autres, qui n'étaient probablement pas imputables au même criminel (intuition qui fut confirmée par l'arrestation en flagrant délit, la semaine suivante, d'un forgeron mécontent : il était sur le point d'incendier son cinquième garage au moyen d'une motte de foin imbibée de pétrole…)

Si l'incendiaire d'Axelbury s'était servi des quatre précédents incidents comme d'un écran de fumée, qui était-il ? Et pourquoi voulait-il détruire la Buick de Mlle Teasbury ?

Hazelhurst, qui avait accès en permanence à l'auto et au garage, faisait figure de suspect idéal. L'examen par Holmes de la carcasse carbonisée lui fournit même un mobile.

Hazelhurst avait déclaré avoir vu Grantham penché sur le capot le soir du vol. Mais ce n'était pas pour faire démarrer la Buick, avait compris Holmes. En fait, Grantham avait fait glisser le collier volé dans le réservoir. Et si Hazelhurst s'en était rendu compte ? S'il avait détruit le véhicule pour dissimuler le fait qu'il avait éventré le réservoir pour récupérer le collier ? Autre hypothèse : s'il était le véritable auteur du vol et s'il avait inventé de toutes pièces l'apparition de Grantham près de l'auto ? Mais pourquoi cacher le collier dans le réservoir ? Et pourquoi se donner la peine de brûler la voiture alors qu'il pouvait très bien démonter le réservoir et récupérer le bijou ?

Non, Hazelhurst était innocent, Holmes en était certain.

Restaient donc Grantham… et son complice. L'ex-pêcheur de crabes lui avait certainement révélé la cachette du collier. Mais comment le récupérer ? Ils n'en avaient aucune idée. Puis survinrent les quatre incendies. Grantham en entendit parler par le même complice, qui lui rendait régulièrement visite à la prison de Shepton Mallet. Ils concoctèrent le plan suivant : ouvrir le réservoir, récupérer le collier et mettre le feu à la Buick pour dissimuler leurs recherches.

L'identité du – ou plutôt de la complice de Grantham devenait manifeste : ce ne pouvait être que Molly, sa petite amie. Elle savait certainement où Mlle Teasbury gardait son coffre à bijoux et était en mesure de guider le cambrioleur, lors d'une soirée où tous à Axelbury Hall se préoccupaient de la réception en cours.

Holmes cependant avait besoin d'une preuve. Un collier qui est resté immergé pendant des semaines dans un réservoir dégage certainement une odeur d'essence – serait-elle presque imperceptible. Le rhume qui avait tant inquiété Watson n'était qu'une excuse : Holmes pouvait ainsi se permettre de renifler copieusement dans toutes les pièces qu'il avait visité durant ses entrevues avec le personnel. Et c'était chez Molly qu'il avait perçu l'odeur recherchée.

Ses suppositions furent confirmées par une conversation téléphonique avec le directeur de la prison de Shepton Mallet : Piccard Grantham avait reçu la visite d'une certaine Molly Fish à deux reprises le mois passé.

Watson conclut ce dossier par la remarque suivante : contrairement à ce que prétendait Holmes, le voyage dans le Somerset n'avait pas été inutile. L'agent Diggins avait mis la main sur son – ou plutôt sa coupable ; Agatha Teasbury avait récupéré son collier ; Holmes avait reçu un chèque de 750 livres et lui, Watson, avait pu enfin contempler la « Colombe de Drury Lane ».

Le Coucou trop précoce

Le récit de Lilly Phillips était aux yeux de Holmes truffé de détails troublants. Tout d'abord, la raison invoquée par Strauss pour éviter le mariage n'était guère convaincante.

N'était-il pas plutôt peu désireux de révéler son vrai nom – ce à quoi l'aurait contraint une procédure légale de mariage ?

Cette question se fit plus obscure encore lorsque Mlle Phillips précisa que les lettres venues de l'étranger (ou plus précisément de Suisse, sans aucun doute) étaient adressées à un M. « Sauber-Strauss ». L'expéditeur ayant adjoint par un tiret le nom de l'horloge (celui de la mère de Strauss, à en croire ce dernier) et celui de l'inventeur, on pouvait supposer qu'il s'agissait d'un membre de la famille Sauber.

Mais pourquoi écrivait-il à Gustav ? La publication de l'article de l'*Illustrated London News* était sans doute une cause possible, les lettres l'ayant suivi de peu. Que pouvaient-elles bien mentionner ? Demandait-on de l'argent à Gustav ? Non, il n'aurait pas eu cette réaction inquiète, furtive. Ces missives assurément contenaient des informations ou des exigences de nature à troubler profondément Strauss – si tel était son vrai nom.

Holmes s'intéressa ensuite aux autres éléments de l'affaire. Tout d'abord, la soudaine entrée en scène et l'étrange comportement du rétameur français. Détails intrigants : l'apparition de l'homme coïncidait avec les occurrences trop précoces du chant du coucou dans les bois. Il se trouvait à la taverne le soir où la clé de la bonne avait été volée. Il avait quitté le quartier juste après la mort de Strauss. Il parlait le *Schweitzerdeutsch* – chose bien peu courante pour un Français du sud-ouest. Il n'était ni aussi pauvre (voir la belle chaîne d'argent qu'il portait) ni aussi myope qu'il le prétendait. Pris séparément, ces faits ne constituaient pas des indices mais donnaient à penser que l'homme était un menteur et qu'il était d'une manière ou d'une autre lié à la mort de Strauss. Et peut-être était-il l'expéditeur des lettres venues de Suisse.

Holmes s'intéressa ensuite au secrétaire fouillé et à l'horloge tombée dans la baignoire. Lilly n'avait jamais vu ce modèle : sans doute avait-il été introduit dans la maison en son absence. Par qui ? Et pour quel usage ? Par le faux rétameur ? La raison de cet acte résidait-elle dans la fouille infructueuse du bureau ?

Holmes à cette étape de ses réflexions envisageait le déroulement suivant : un intrus – le rétameur, sans doute – avait volé la clé de la bonne, s'était introduit chez les Strauss alors que l'inventeur s'y trouvait seul, avait fait tomber une horloge ancien modèle dans le bain, avait trouvé la clé du bureau et avait fouillé les papiers de Strauss sans trouver ce qu'il cherchait.

Lorsque le détective apprit que le rétameur s'était installé dans le quartier de la ville où se trouvait les ateliers Sauber, il supposa, sans grand risque de se tromper, que la manufacture serait la prochaine cible du malfaiteur. Les faits lui donnèrent raison et le rétameur fut appréhendé.

L'homme plaida coupable en ce qui concernait la violation de domicile mais nia avoir provoqué la mort de Strauss. Voici son récit : il se nommait Wolfgang Sauber et avait, à l'époque où il vivait encore en Suisse avec son frère Gustav (qui n'était pas orphelin et dont la mère n'avait acquis le nom de Sauber que par mariage), conçu avec ce dernier un coucou électrique particulièrement fonctionnel. Les carences initiales du mécanisme ayant trouvé remède et l'horloge étant prête à rencontrer ses premiers et heureux propriétaires, Gustav s'était volatilisé en emportant tous les papiers relatifs au coucou, y compris les brevets et les plans. Il avait fallu attendre l'article du *Illustrated London News*, qu'il avait découvert dans l'exemplaire que recevait sa bibliothèque de quartier, pour qu'il apprenne le destin de Gustav et de leur invention commune.

Gustav s'était donc installé en Angleterre, avait pris le nom de Strauss et avait fait fabriquer les coucous pour son seul bénéfice. Les brevets étant rédigés au nom de Sauber, il fut contraint cependant d'utiliser ce nom.

Wolfgang, écœuré par cette trahison et désireux de toucher sa part de la fortune amassée par son escroc de frère commença par lui envoyer des lettres de menace, lesquelles restèrent sans réponse. Il se rendit donc à Birmingham et, pour prévenir Gustav de sa présence et l'effrayer suffisamment pour qu'il consente à accepter un accord financier, il se mit à imiter le chant du coucou non loin de la résidence des « Strauss ». Démarche tout aussi infructueuse. Il se décida donc à une confrontation plus directe, en tête-à-tête et sans témoins.

Déguisé en rétameur, il se mit à épier la maisonnée de son frère. Lorsque Lilly et ses enfants partirent en voyage et que la cuisinière prit ses deux jours, il passa à l'action, vola la clé dans le sac à main de la bonne ainsi que sa menue monnaie, pour simuler le vol (tout en lui laissant, car il l'avait prise en pitié, son billet de dix shillings).

La suite des événements est plus obscure. Wolfgang prétendait avoir trouvé son frère au bain. Il avait emporté le prototype conçu en Suisse. Une dispute éclata. Tandis que Gustav n'était toujours pas sorti du bain, Wolfgang, hors de lui, remonta le coucou et le brancha pour montrer à « ce traître » que leur prototype – qui avait profité au seul Gustav – fonctionnait à merveille. Mais, dans la confusion du moment, le coucou glissa dans le bain, avec les fatales conséquences que l'on sait.

Wolfgang se rendit compte que l'électrocution passerait pour un accident. Il décida alors d'ouvrir le secrétaire dans l'espoir d'y découvrir les papiers qui attestaient de sa participation à la conception du coucou. En vain : les papiers, déduisit-il, se trouvaient à la manufacture.

Malheureusement pour lui, Sherlock Holmes était arrivé à la même conclusion et n'attendait que son arrivée pour lui mettre la main au collet.

Wolfgang Sauber fut-il accusé et jugé pour meurtre ? Watson ne le précise pas. Il préfère noter que Lilly Phillips se remit rapidement du décès de son peu scrupuleux partenaire et qu'elle s'installa à Salcombe, dans le Devon, où elle coula des jours heureux avec un M. Bothwaite dont elle était, cette fois-ci, la légitime épouse.

L'Affaire du buste grec

Holmes et Watson se penchèrent sur le premier télégramme, envoyé à M. Harper par Mlle Bannon. La dernière date était évidente : 18 h 05, Trafalgar. Watson identifia 14 h 15 (Agincourt) et Holmes 17 h 06 (Ramillies). Trois dates, trois batailles ? Ce ne pouvait être une coïncidence. Le code reposait sur les batailles.

Bien sûr, la même date (1805, par exemple) pouvait correspondre à plusieurs batailles d'ampleur. Mais en testant les unes après les autres ces diverses possibilités, ils eurent tôt fait de dresser le tableau suivant :

15 h 25 **P**avie
15 h 71 **L**épante
14 h 15 **A**gincourt
04 h 80 **T**hermopyles
17 h 08 **O**udenarde
18 h 54 **I**nkerman
18 h 15 **N**ouvelle Orléans
12 h 63 **L**args
18 h 98 **O**mdurman
16 h 45 **N**aseby
16 h 50 **D**unbar
13 h 88 **O**tterburn

18 h 27 **N**avarin
12 h 98 **F**alkirk
04 h 26 **O**lpae
18 h 79 **U**lundi
17 h 06 **R**amillies
18 h 12 **S**alamanque
16 h 42 **E**dgehill
17 h 09 **P**oltava
18 h 05 **T**rafalgar

Il suffisait tout simplement d'utiliser les initiales de chaque bataille pour obtenir la suite suivante :

PLATOINLONDONFOURSEPT,
soit Platon à Londres 4 septembre

Holmes usa du même procédé pour déchiffrer la réponse de Harper :

17 h 04 **B**lenheim
16 h 43 **R**oundway Down
18 h 49 **I**saszeg
18 h 76 **L**ittle Big Horn
17 h 75 **L**exington
03 h 33 **I**ssos
17 h 99 **A**boukir
17 h 00 **N**arva

18 h 09 **T**alavera
13 h 46 **C**récy
12 h 17 **L**incoln
04 h 89 **I**sonzo
12 h 65 **E**vesham
17 h 98 **N**il
17 h 59 **T**iconderoga
16 h 58 **D**unes
18 h 07 **E**ylau
18 h 13 **L**eipzig
02 h 06 **I**lipa
18 h 63 **G**ettysburg
10 h 66 **H**astings
14 h 61 **T**owton
18 h 00 **E**ngen
13 h 32 **D**upplin Moor

Soit : **BRILLIANTCLIENTDELIGHTED**
– « Parfait, client ravi. »

Tout s'éclairait. John Harper avait été contacté par un collectionneur qui désirait aussi ardemment que M. d'Arche se procurer ce buste rare. La somme proposée était généreuse et Harper, fortement tenté, discuta de l'affaire avec sa fiancée, Mlle Bannon. Ils finirent par accepter : ce capital leur permettrait de se marier et de fonder, eux dont les familles étaient modestes, un foyer digne de ce nom – ce qu'ils ne pouvaient faire, comme l'avait remarqué Mme d'Arche, avec leurs maigres salaires.

Le plan des fiancés était déjà arrêté lorsque Harper rencontra l'archéologue albanais. Ce dernier accepta, moyennant finances (quelques milliers de livres qui s'ajoutèrent à la somme déjà versée par les d'Arches pour le buste) de livrer le buste au yacht, puis de le subtiliser aussitôt et de l'envoyer en Angleterre au nom de John Harper. Mlle Bannon lui communiqua la date par un télégramme codé. Harper devait se rendre au port de Londres pour y réceptionner le colis et le transmettre au rival des d'Arches. Las ! Quatre solides agents de police, prévenus par un télégramme de Holmes, attendaient le jeune homme à l'entrée des docks.

Mlle Bannon avait deux missions : communiquer à Harper la date d'arrivée du buste (PLATONALONDRESIVSEPT, soit Platon à Londres le 4 septembre). Et s'assurer que nul à bord du yacht ne pouvait entraver l'intervention de l'archéologue et de ses deux seconds qui, ayant livré le buste en début de soirée, revinrent à bord à trois heures du matin pour le récupérer.

L'alcool avait coulé à flots durant la réception et les d'Arche dormirent à poings fermés. Bannon s'assura du silence du majordome, des femmes de chambre, du capitaine et de son équipage par des cadeaux bien choisis (« Mais que cela reste entre nous : ce n'est qu'une marque de gratitude toute personnelle à votre égard ! ») : whisky pour le capitaine et le majordome, porto pour les jeunes femmes et rhum pour l'équipage. Les maux de tête du lendemain n'avaient pas pour seules causes les vociférations de M. d'Arche.

Mlle Bannon comprit cependant que Holmes avait vu clair dans son jeu lorsqu'il vint lui emprunter ses manuels d'histoire. Elle fit le total de ses modestes avoirs et, tandis que Holmes et Watson déchiffraient les télégrammes, quitta discrètement le yacht. Les d'Arche ne se donnèrent pas la peine de lancer la police à ses trousses. L'essentiel était ailleurs : Platon trônait enfin sur son socle dans leur galerie anglaise de bustes philosophiques.

Le Mystère des philatélistes disparus

Lorsque Watson demanda à Holmes la raison pour laquelle il soupçonnait le révérend Woolfstein d'avoir causé la mort des trois philatélistes, le détective, un fin sourire aux lèvres, lui répondit que, contrairement à ce que leurs épouses respectives et la propriétaire du Golden Swan pensaient, ces trois malheureux ne s'étaient jamais intéressés aux timbres. Ils étaient en fait des membres zélés de la National Secular Society, une association de libres-penseurs dont le but était l'abolition de toutes les religions organisées. La Newington Stamp Society n'avait jamais existé : elle leur permettait de ne pas inquiéter leurs femmes et de ne pas se brouiller avec la très anglicane propriétaire du Golden Swan. Ce n'étaient pas des albums philatéliques qu'ils transportaient dans leurs sacs (du reste, leurs épouses ne les avaient jamais vus), mais des revues et des ouvrages écrits par de libres-penseurs, tels que le *Woman, Her Glory, Her Shame and Her God*, de « Saladin », nom de plume de l'iconoclaste William Stewart Ross.

Cela explique naturellement la dispute que les trois hommes eurent avec Woolfstein lorsque ce dernier voulut prêcher devant le Golden Swan. Les brochures qu'ils distribuèrent alors étaient celles de la National Secular Society. Et le fanatique Woolfstein fut si outré par leur comportement et la remise en cause de son autorité qu'il décida qu'ils devaient mourir. Mais ces blasphémateurs méritent une fin biblique.

L'église de Woolfstein avait pour nom Temple du Christ Révélé. Holmes comprit la signification de ce « révélé » lorsque le révérend s'en prit devant lui à la femme qui s'opposait à son autorité. « Elle est tombée, Babylone la grande », avait-il dit : c'était une citation extraite de l'Apocalypse – ou Livre de la révélation.

Holmes s'y plongea. Et les dates auxquelles les trois malheureux avaient disparu lui fournirent une clé. Jack Durrant le 16 juin – soit 6:16, car les Américains ne mentionnent-ils pas le mois avant le jour ? Gregory Billings le 5 septembre – 9:5 ; et John Coleman le 5 novembre, 11:5. Leurs corps mutilés avaient été retrouvés dans la rue le 8 novembre, 11:8.

Une fois les cadavres examinés par ses soins, Holmes confirma ses soupçons en se référant aux chapitres et aux versets de l'Apocalypse indiqués par ces dates. Il ne fut pas déçu.

Apocalypse 6:16 : « Ils disaient aux montagnes et aux rochers : tombez sur nous... » Jack Durrant avait péri écrasé.

Apocalypse 9:5 : « Et le tourment qu'elles causent est comme celui de l'homme que blesse un scorpion... » Gregory Billings avait succombé à de multiples piqûres de scorpion.

Apocalypse 11:5 : « Si quelqu'un veut leur nuire, un feu sort de leur bouche et dévore leurs ennemis... » John Coleman était mort à la suite d'horribles brûlures.

Enfin, Apocalypse, 11:8 : « Leurs corps resteront sur la place de la grande cité que l'on nomme symboliquement Sodome... » Les cadavres des trois libres-penseurs avaient été exposés d'effroyable manière Colombo Street.

La perquisition du Temple du Christ Révélé permit la découverte d'une salle en sous-sol dans laquelle les exécutions bibliques s'étaient déroulées. La police y retrouva les poids sous lesquels Durrant avait été écrasé, les cendres du feu qui avait dévoré les jambes de Coleman et la cage dans laquelle les assassins avaient transporté les scorpions lancés sur Billings. L'un des complices du révérend avoua que les venimeuses créatures, n'ayant pas voulu réintégrer leur prison, furent écrasées à coups de balai et jetées à la Tamise.

Si les fanatiques en avaient fait autant avec les cadavres de leurs victimes, réfléchit Holmes, peut-être seraient-ils encore libres. Mais Woolfstein n'avait pas voulu en entendre parler : ç'aurait été contraire à la Sainte Bible, à la parole révélée du Seigneur.

Une histoire de bananes

« Ce coroner est un imbécile ! » s'exclama Holmes indigné en découvrant dans le *Daily Chronicle* l'article consacré à la mort du malheureux Dr Matteson.

Le rapport des autorités, expliqua-t-il à son ami Watson, lui semblait erroné sur deux points. Tout d'abord, il est fort rare qu'une araignée se niche dans un régime de bananes. La possibilité pour que le même régime abrite une autre congénère est proche de zéro. Le fameux détective alla chercher sur les rayonnages le volume de l'*Encyclopedia Britannica* où se trouvait l'article consacré aux araignées.

« C'est bien ce que je pensais, claironna-t-il quelques minutes plus tard. La seule araignée des deux Amériques dont la morsure puisse être fatale est l'araignée-banane – plusieurs espèces sont regroupées sous le genre *Phoneutria.* Mais on ne la trouve qu'en Amérique centrale et en Amérique du sud, et non pas dans les Caraïbes. Par conséquent, pour que deux de ces effroyables créatures puissent se trouver dans un régime de bananes en provenance de la Jamaïque, il faut qu'on les y ait introduites dans l'intention peu avouable de provoquer un grave accident. »

Ce « on » fut rapidement identifié : ce n'était autre que George Gilbertson, qui avait agi avec la complicité de Dorothy Matteson. Ces deux-là s'aimaient mais n'avaient pas le sou. Et plutôt que de vivre à la fois dans le péché et la pauvreté, ils préférèrent se débarrasser du docteur – à sa mort, Dorothy devait hériter de 150 000 livres. Si Sherlock Holmes n'avait pas lu l'article du *Daily Chronicle*, ils auraient vécu des jours heureux dans le confort et la respectabilité.

Le Meurtre de la chambre 327

Voici ce qui se passa réellement le 14 mars 1879 dans la chambre 327, comme le démontra Holmes.

Albert Higginbottom avait épousé Agnès Walker en juillet 1878. L'homme, fabricant de munitions et d'armes de poing, était riche, mais brutal. Agnès avait accepté de l'épouser en dépit de l'opposition marquée de son frère jumeau Tom, qu'elle adorait, car Higginbottom avait promis d'aider financièrement son beau-père (promesse qu'il renia le lendemain de ses noces).

Higginbottom traita sa jeune épouse avec cruauté ; la haine des jumeaux atteignit son apogée quand Agnès découvrit, à l'occasion d'une visite chez son médecin pour des symptômes qu'elle attribuait à une grossesse, que son mari lui avait transmis la syphilis. Lorsque Agnès demanda des comptes à Higginbottom, il la roua de coups. La pauvre femme s'en tira avec deux dents déchaussées et un bras cassé.

Tom, qui vivait temporairement chez les Higginbottom, en conçut une colère maladive. Il s'empara discrètement d'une baïonnette Higginbottom – un échantillon que le beau-frère gardait chez lui – et se mit à suivre l'industriel lors de ses déplacements à Londres. Lorsqu'il constata que Maggie Jones, la prostituée du Royal Staffordshire Hotel, était d'une taille et d'une corpulence similaires à la sienne, Tom conçut le plan suivant : un soir, il remplacerait la jeune femme lors de son rendez-vous du jeudi avec Higginbottom et pourrait ainsi débarrasser sa sœur bien-aimée de son cruel époux.

Si Holmes ne s'en était pas mêlé, la pauvre Maggie Jones aurait peut-être été pendue. Fort heureusement pour elle, Holmes, même débutant, n'était pas aussi naïf que Grimes.

Tout d'abord, il lui fallut identifier la personne dont le bras avait été cassé. De quel habitant de Sheffield Higginbottom pouvait bien payer les frais médicaux ? La réponse s'imposait : sa femme, bien sûr. Et même si le Dr Gumpert respectait le secret médical, il avait quand même, dans sa réponse au télégramme de Holmes, parlé d'« une dame ».

Et comment Agnès Higginbottom avait-elle pu se casser le bras ? La dispute conjugale était une possibilité à ne pas écarter – d'autant que, jeune mariée, elle s'était certainement rendu compte que son mari était syphilitique. Triste hypothèse, que semblaient confirmer les estafilades relevées sur le cadavre – infligées, disait le légiste, un certain temps avant la mort.

De plus, cette violente dispute entre les époux et ses conséquences pour Agnès expliquait l'incapacité de cette dernière à se rendre à Londres. De plus, si, le bras en écharpe et le visage contusionné, elle ne souhaitait pas attirer l'attention sur son état (ne deviendrait-elle pas alors une suspecte de choix dans le meurtre de son mari, elle qui avait toutes les bonnes raisons de vouloir s'en débarrasser), il lui fallait trouver une autre excuse pour ne pas voyager. L'accident de fiacre qu'elle avait invoqué était un mensonge, ce que confirma le télégramme de la police.

Les soupçons de Holmes furent alimentés par deux autres détails. Que faisait cette vieille baïonnette dans la chambre de Higginbottom, venu vendre des munitions à Londres ? N'avait-elle pas été apportée par l'assassin lui-même ? Et pour qu'il y ait accès, il fallait qu'il soit un familier de la manufacture et de ses stocks d'armes invendues. Cela faisait de Mme Higginbottom et de son frère des suspects de choix. Et s'il fallait les départager, la violence du coup infligé à l'industriel pouvait donner une indication. Sans doute était-ce la main d'un homme et non d'une femme, qui plus est blessée.

Holmes se pencha également sur l'excuse qu'Agnès avait fournie pour son frère, « qui ne pouvait se rendre immédiatement à Londres ». N'était-ce pas… parce qu'il s'y trouvait encore ? Et qui pouvait être le mystérieux individu qui avait troqué ses vêtements d'hommes pour une robe et un manteau de femme, avant de réintégrer son accoutrement d'origine dans les toilettes de la gare de St. Pancras ? L'employé avait parlé d'un «garçon joli comme une fille», ce qui correspondait peu ou prou au jeune homme de la photographie de mariage. Cela expliquait également le mutisme et la précipitation de la «femme» qui avait rendu visite à Higginbottom le soir du meurtre.

Quant à la pauvre Maggie Jones, son récit n'était pas si extravagant. Un homme «au visage d'enfant, avec l'accent du nord» l'avait payée pour ne pas se rendre comme chaque jeudi au Royal Staffordshire Hotel? Si cet autre mystérieux personnage était Tom, comme le pensait Holmes, la chose était tout à fait logique.

Les réponses que Holmes avait fournies à ses propres questions, prises indépendamment les unes des autres, ne lui fournissaient pas un coupable de manière irréfutable. Mais, parties prenantes d'un raisonnement logique, elles ne pouvaient l'amener qu'à une seule conclusion : l'assassin d'Albert Higginbottom était son beau-frère, Tom Walker, et non pas Maggie Jones.

«Bah! grommela Grimes lorsque les jurés déclarèrent Walker coupable. La chance sourit toujours aux débutants.»

L'Auriculaire de l'escroc

Holmes ne tarda pas à comprendre que la série de lettres pouvait être déchiffrée au moyen d'un scytale. Il recopia donc le message sur une seule ligne, qu'il découpa soigneusement pour en faire un ruban de papier qu'il enroula en spirale autour du manche d'un club de golf de type bois 1, non sans avoir expérimenté diverses tailles et espacement de lettres. Lesquelles formaient à présent cinq colonnes verticales autour du manche. Le texte ainsi constitué se lisait de la manière suivante :

TARGETINDRIVEFIVEFIFTEENPMTHURSDOUG, soit « Cible dans allée cinq heures et demie jeudi Doug ».

Doug, c'est-à-dire Douglas Telford, avait donc fourni aux criminels les indications nécessaires à l'enlèvement de Vaultson par ce truchement. L'un des malfrats avait gardé un des brouillons de décryptage dans sa poche et, dans le tumulte, l'avait malencontreusement oubliée dans le carrosse.

Telford, confronté à cette preuve irréfutable, expliqua que le complot émanait d'individus que Vaultson avait ruinés par le biais de son Générateur de richesse pour l'homme du commun. La frustration les avait poussés au crime. Ils avaient réussi à convaincre Telford, dont le père se trouvait dans la même situation, de se faire embaucher comme précepteur à Fortune Towers, un poste idéal pour informer ces hommes des faits et gestes de l'escroc.

Les Vaultson acceptèrent de ne pas porter plainte contre Telford s'il acceptait de dénoncer les autres membres du gang aux autorités. Une fois leurs noms connus de la police, Umbrigg Vaultson fut rapidement libéré et les kidnappeurs arrêtés.

Le lendemain du jour où il fut renvoyé par les Vaultson, Telford reçut une lettre de Holmes. S'y trouvaient un chèque de cent livres et un bref message : « Que cette somme vous permette d'éviter à l'avenir ces errements contraires à la loi. »

Les Chefs-d'œuvre disparus

Holmes n'était pas sans savoir qu'un voleur de tableaux commence toujours par les détacher de leur cadre et de leur châssis. Mais où cacher les toiles ? On peut bien sûr se servir d'un châssis de même taille, mais la manœuvre est trop évidente. Il fallait à ces criminels une cachette plus subtile. Et quoi de plus discret qu'un meuble ancien acheté en salle de vente, d'autant que le comte Vègh s'en était déjà procuré par le passé ?

Pour ne courir aucun risque, le comte fit en sorte que l'acquisition se déroule en public, au cours d'une vente aux enchères de la maison Gibbins et Dang. Son plan, il faut le dire, était des plus ingénieux.

Les voleurs, qui furent arrêtés peu après la conclusion de l'enquête de Holmes, avouèrent avoir dérobé ces tableaux « à la demande d'un monsieur qu'ils ne connaissaient pas, un étranger. » Ils les déposèrent, comme on leur en avait donné l'ordre, dans un entrepôt de l'East End de Londres. Les œuvres furent détachées des cadres et châssis et remises à un ébéniste d'art venu de Budapest faire fortune à Londres. À la demande du comte Vègh, l'artisan accepta de pratiquer des cavités dans quatre meubles anciens qui provenaient de la demeure londonienne du collectionneur. Deux raisons à cela : l'admiration que lui inspirait un si grand personnage – et les menaces voilées que ce même personnage avait exprimées à l'encontre de la famille de l'ébéniste, restée en Hongrie.

Les toiles furent insérées dans les meubles, les meubles ré-assemblées et proposés à la vente chez Gibbings et Dang sous un faux nom.

Lorsque Holmes apprit que le comte avait récemment fait réparer quelques meubles par un ébéniste, ses intuitions se firent quasi certitudes. En furetant dans la salle de vente, il identifia rapidement les meubles susceptibles de servir de cachette : ils devaient être constitués de pièces de bois assez longues et assez massives pour contenir les quatre toiles volées. La plus grande se trouvait dans la *chaise longue**, la plus petite dans la table et les deux autres dans les dossiers des fauteuils. Un examen minutieux à la loupe lui apprit que ces quatre pièces avaient effectivement fait l'objet de réparations récentes. De surcroît, les deux fauteuils, qu'il prit la peine de soulever, étaient un peu plus légers que ceux que l'artisan avait laissés intacts.

Ce fut le déroulement de la vente cependant qui confirma définitivement l'hypothèse de Holmes. Si les quatre meubles contenaient effectivement les toiles volées, le comte devait les acheter – à tout prix. « Vincent de Béarn » put s'en donner à cœur joie. Et comme le spirituel Français le remarqua en quittant la salle des ventes, les fauteuils Louis XV valaient effectivement beaucoup plus cher que ce que Vegh les avait payés.

L'Affaire de l'œuf aux abeilles

Holmes nota sur une feuille de papier à musique vierge la mélodie que jouait la boîte à musique de Smith. Puis il recopia les notes – à l'anglaise, bien sûr : do est représenté par C, ré par D, mi par E, fa par F, sol par G, la par A et si par B. Il obtint donc ceci :

ACECAFEFACECAGEFADEDEGGDABDEADBEEBEAD

Soit : ACE CAFÉ FACE CAGE FADED EGG DAB DEAD BEE BEAD (soit, décrypté en un français moins laconique, Ace Café / Cage du milieu / Œuf décoloré / Appuyer sur le renflement de l'abeille morte)

… ayant exécuté la commande, il eut le plaisir de voir l'œuf s'ouvrir sur le fameux diamant !

Le Mystère du sergent défenestré

Holmes savait qu'il lui serait difficile de prouver la culpabilité de Garfield-Wolkes. Il décida donc d'envoyer au doyen – dont il avait pu jauger le sens de l'honneur – l'article rédigé pour le très fictif *New England Telegraph* dans l'espoir de provoquer ses aveux. Ce que Garfield-Wolkes fit, d'une certaine manière. Holmes, horrifié par le résultat de sa manœuvre, avoua plus tard à Watson que le choix de ce procédé constituait l'une des seules erreurs de sa carrière. Il aurait mieux fait, regrettait-il, de s'entretenir face à face avec le doyen.

Dès le début de l'enquête, Holmes s'était efforcé de répondre aux trois questions de Blean.

Comment Melrose était-il entré dans la cathédrale ? Il n'y avait pas eu d'effraction. Soit il avait volé la clé, soit quelqu'un l'avait fait entrer. Or, aucune clé n'avait été retrouvée sur lui. Restait donc la seconde hypothèse. Mais qui ? Ni les deux chanoines, ni le bedeau, assurément. C'était donc Garfield-Wolkes. Il était du reste possible que les deux hommes se soient connus à l'époque de la troisième guerre des Ashanti – une brève enquête apprit à Holmes que Melrose y avait également pris part.

Pourquoi Melrose s'était-il muni une ceinture porte-monnaie vide ? Ces accessoires n'ont qu'une utilité : transporter discrètement et sans risque d'être volé des sommes importantes.

Donc, soit Melrose avait apporté de l'argent à quelqu'un, soit il espérait en recevoir. Et quelle que soit la réponse, le doyen jouait un rôle dans cette transaction. Il était peu probable, songea Holmes, que le plus pauvre des deux, Melrose, apporte de l'argent à l'autre. Et s'il en attendait de Garfield-Wolkes, le motif le plus vraisemblable n'était-il pas le chantage ? Melrose n'avait à vendre que son silence. Et que savait-il qui ait poussé le doyen à de telles extrémités ? En consultant les archives du *Times* et du *Telegraph*, Holmes découvrit que des hommes du Royal Welsh, son régiment, s'étaient rendus coupables d'un massacre de villageois pendant la guerre au lieu-dit Agona, non loin de la capitale des Ashantis, Komassi. Les enquêteurs n'avaient pas pu identifier les coupables : se pouvait-il que Melrose détienne des preuves irréfutables de la culpabilité de Garfield-Wolkes et qu'il le fasse chanter ? Auquel cas, l'ultime message écrit avec son sang était bel et bien une accusation. Ce n'était pas « Agonie » qu'il fallait lire, mais « Agona », lieu des crimes supposés du doyen.

Ce scénario expliquait la présence de Melrose sur la claire-voie. Il était monté dans la tour pour y rencontrer le doyen. Le sergent adultère n'avait rien à voir avec le pillage du trésor : c'était le doyen poursuivi par sa conscience qui volait et revendait les calices pour payer un maître-chanteur de plus en plus gourmand. Mme Garfield-Wolkes n'avait-elle pas avoué à Holmes que son mari n'avait pas un sou ? Et son mari s'était rendu à London Bridge plutôt qu'à Victoria car London Bridge se trouvait à proximité du quartier des négociants en métaux précieux. Il avait pu ainsi vendre en toute discrétion l'argenterie volée avant de se rendre à l'archevêché. Quant à l'ultime rencontre avec Melrose : tenaillé par la colère et la culpabilité, l'intense doyen avait perdu la tête et poussé son maître-chanteur par-dessus le parapet. Puis il avait lancé l'un des calices près du corps, pour donner l'impression que Melrose avait succombé à une chute accidentelle après avoir pillé le trésor de la cathédrale.

Tel était en tout cas le récit que Holmes, selon ses dires, s'apprêtait à publier dans les colonnes du *New England Telegraph*. À en juger par la terrible réaction de Garfield-Wolkes, sans doute était-il proche de la réalité.

Le Mystère des trois employés ivres

Il fallut peu de temps à Holmes pour comprendre que le récit du jeune Petrel était entaché de préjugés et de suppositions hâtives. Non, Amir Asaduddin Khan n'avait pas assassiné ses deux amis. Khan, à en juger par ses manières et sa façon de s'exprimer, était un homme fin et cultivé : comment aurait-il pu rédiger le message que Petrel avait trouvé sur son paillasson – à moins, bien sûr, d'une double feinte des plus subtiles. Quant à l'étiquette de bouteille de bière, c'était un choix bien étrange pour Khan, musulman convaincu (ce que montraient ses références fréquentes à Allah et à son prophète).

Le véritable auteur de ces menaces fut confondu par son écriture et par la présence dans son logis d'un crayon bleu et de trois bouteilles de bière privées de leur étiquette. Blanket – car c'était lui – fut contraint aux aveux par ces preuves.

Après son premier entretien avec Petrel, Holmes s'était posé la question suivante : pour quelle raison un Indien pouvait-il accorder tant de valeur à un bijou vendu par un prêteur sur gage de Londres ? N'était-ce pas parce que ledit joyau avait été volé en Inde ? Ce qui d'emblée était paru à Holmes le scénario le plus plausible se révéla exact, à quelques détails près.

Le détective apprit en consultant ses archives qu'une bague de diamants et de rubis – la « Lumière du Rajasthan » – avait disparu du palais du prince Abdullah Abdelrahman. Des domestiques avouèrent leur implication dans le vol : un soldat britannique, dont ils ne donnèrent pas le nom, leur avait graissé la patte pour s'assurer de leur complicité. Après enquête, les baraquements tout proches du Seventeenth Foot Regiment furent fouillés de fond en combles. Mais le joyau ne fut pas retrouvé et le régiment repartit bientôt en Angleterre.

Pendant ce temps-là, Amir Asaduddin Khan, un jeune aristocrate qui avait fait toute sa scolarité à Harrow, s'était épris de la princesse Noor, la fille unique du prince Abdullah. Cet amour étant réciproque, les deux jeunes gens s'en ouvrirent au prince. Lequel autorisa le mariage, à une seule condition : que Khan retrouve la Lumière du Rajasthan et l'offre à sa fiancée.

Après s'être informé des circonstances du vol, Khan conclut que la bague se trouvait en Grande-Bretagne. Il pria ses amis anglais de garder l'œil ouvert. L'un d'eux lui apprenant bientôt qu'il avait aperçu dans la vitrine d'un prêteur sur gages de Londres une bague qui ressemblait fort à celle qu'il cherchait. Khan prit le premier bateau venu.

Comme le lecteur le sait, il arriva trop tard. Blanket, qui avait surpris la conversation entre Khan et le prêteur sur gages, comprit que le joyau avait pour lui une importance considérable. Il décida de la lui vendre pour une somme qui le serait tout autant. Mais il fallait tout d'abord la récupérer auprès des trois employés…

Après l'arrestation de Blanket, Elijah Petrel eut l'élégance de rendre la bague tant convoitée à Khan. Ce dernier, reconnaissant, lui remit 150 livres en or ainsi qu'une invitation à assister, tous frais payés, à l'un des mariages les plus somptueux jamais célébrés en Inde.

L'Aventure du vieux Dodson

Dodson avait commis une erreur des plus simples : pour lui, le petit déjeuner ne pouvait être qu'un repas du matin. Or, après avoir passé la nuit avec Mlle Hogarth, qu'il avait ensuite assassinée pour ne pas lui verser la somme qu'elle exigeait en paiement de son silence, Cannizzaro était rentré se reposer dans l'appartement qu'il louait à Mayfair. En début de soirée, il s'était rendu au Royal Buckingham et avait expliqué à Delius Graftule, un serveur qui le connaissait bien, qu'il avait grand besoin d'un petit déjeuner, venant tout juste de se réveiller. Le serveur se plia à cette demande et, ayant reçu un pourboire aussi généreux que de coutume, rédigea la facture requise sous la dictée de Cannizzaro, comme il l'expliqua à Holmes. Graftule avait voulu ajouter «de l'après-midi» après la mention «six heures et demi»

«Ce ne sera pas nécessaire, avait répondu Cannizzaro.»

En cinq minutes, Graftule avait appris à Holmes et à Dodson tout ce qu'ils avaient besoin de savoir. Ils eurent amplement le temps de se rendre à la gare de Victoria où Dodson, aidé de deux solides agents de police, procéda à l'arrestation d'Octavius Cannizzaro, sans domicile fixe. Il était accusé du meurtre de Mlle Fanny Hogarth, Blackheath, commis le matin même à 6h30. On retrouva le contenu de la boîte à bijoux de la jeune femme dans les bagages de son assassin.

Non content de lui avoir ôté la vie, remarquait Watson dans ses notes, ce scélérat sans cœur avait aussi repris à Mlle Hogarth toutes les babioles qu'il lui avait offertes.

Le Dessinateur corrompu

Le récit de la manière dont Holmes résolut l'énigme du code utilisé par le dessinateur est précédé d'une annotation assez émouvante. « Voici, écrit Watson, l'une des rares affaires dans lesquels j'ai pu, de façon décisive quoiqu'involontaire, aider mon ami à conclure ses délibérations de la manière la plus satisfaisante possible. »

Dès que Holmes eut sous les yeux les numéros et les initiales des positions occupées par les quinze joueurs d'une équipe de rugby, le message suivant surgit de la feuille « comme un paysage au soleil levant ».

LEAVE ARMAMENT TONNAGE SPEED EUSTON
LEFT LUGGAGE SAT SIX THIRTY NAME SCHMIDT,

soit « Détails armement tonnage vitesse Euston consigne sam six h trente au nom Schmidt »

Lorsque Herr Schmidt se présenta à la consigne de la gare de Euston pour y réclamer une petite mallette déposée à son nom, il fut interpelé par deux agents de police. Étant totalement dénué de scrupules, il livra immédiatement le nom de son contact à l'Amirauté : Augustus Gedge. Lorsqu'il avait demandé au dessinateur de lui trouver un code, Gedge avait imaginé ce chiffre basé sur les positions des joueurs. Cette curieuse terminologie n'avait aucun sens pour Schmidt mais il s'y fit rapidement et se fia aux déclarations optimistes du dessinateur : le code était « indéchiffrable ». C'aurait été sans doute le cas si Holmes n'y avait pas appliqué ses extraordinaires pouvoirs de déduction. Et si Watson n'avait pas été amateur de rugby.

Les deux complices furent mis aux arrêts ; la justice, particulièrement sévère en matière d'espionnage, suivit son cours. Au début de l'année suivante, l'inauguration du HMS *Dreadnought*, navire de guerre révolutionnaire et premier d'une longue lignée, donna à la Grande-Bretagne un avantage inestimable sur l'Allemagne dans la course aux armements qui devait déboucher sur la Première guerre mondiale.

Comment Holmes avait-il réussi à décrypter le code ?

Dans les codes les plus simples, un chiffre remplace une lettre, et vice-versa, selon un arrangement du type :

1 = A	8 = H	15 = O	22 = V
2 = B	9 = I	16 = P	23 = W
3 = C	10 = J	17 = Q	24 = X
4 = D	11 = K	18 = R	25 = Y
5 = E	12 = L	19 = S	26 = Z
6 = F	13 = M	20 = T	
7 = G	14 = N	21 = U	

Le code inventé par Gedge comprenait une double transformation. A n'était pas remplacé par 1, mais par LP, les initiales de la position du joueur numéro 1, le Left Prop (la liste complète des positions figure à la page XX du présent ouvrage). Il en allait de même pour B, qui devenait H (le joueur numéro 2 étant le Hooker) et ainsi de suite jusqu'au N (joueur numéro 15, le Full Back). Pour les lettres de P à Z, il fallait combiner deux positions de l'équipe.

Le P (numéro 16, soit les positions 1 et 6) devenait LB (Left Prop + Blind Side Wing Forward; le X (numéro 24, soit les positions 2 et 4), devenait HL.

Une fois le principe arrêté, il fallut encore à Holmes déterminer les blocs significatifs dans ces suites de lettres. Par exemple,

	IC /	RSR/	LP/	HH/	RSR
donnait	L	E	A	V	E

La chose semble simple sur le papier. Mais comme le grand détective le confia à son ami quelques mois plus tard : « En cette occurrence, cher Watson, je dois reconnaître que la réponse, pour une fois, n'avait rien d'élémentaire. »

Un neveu trop excentrique

Lorsque Holmes leur avait parlé d'argenterie georgienne, tous les employés sauf un avaient compris qu'il s'agissait de pièces réalisées à l'époque de l'un des quatre rois britanniques nommés George. Gregor de Villiers, lui, avait mentionné les mines d'argent de Géorgie, aux États-Unis. Cela avait mis la puce à l'oreille de Holmes, qui s'était souvenu de l'avertissement de Lestrade concernant l'arrivée probable en Angleterre du terrible Charlie Peters, le cambrioleur américain. Holmes concocta alors un deuxième piège linguistique.

Sous les oripeaux de l'excentrique Horatius Knebb, Holmes déroba six objets appartenant aux Mount. Puis, un soir, il s'entretint séparément avec les six domestiques et leur avait proposé de «jouer avec lui». Sous couvert de la nuit, accepteraient-ils d'introduire dans le coffre qui se trouvait aux écuries l'objet qu'il allait leur donner? Mission secrète dont ils ne devaient parler sous aucun prétexte à leurs collègues. Tous se plièrent au jeu. (Précision utile : Holmes, en anglais, utilise le mot *trunk.*)

Les cinq domestiques britanniques cachèrent leur accessoire respectif dans le coffre du vieux M. Mount – coffre, c'est le sens en anglais britannique du mot *trunk.* De Villiers, lui, dissimula les corsets dans le coffre de l'auto – c'est le sens en anglais américain de ce même *trunk.* Après quoi Holmes n'eut aucun mal à désigner le vrai coupable aux Mount.

Comme le remarqua plus tard le détective au Dr Watson : «En dépit des confusions dont elles sont souvent la cause, les différences linguistiques entre l'anglais et l'américain ont parfois leur utilité.»

La Dame renfrognée

Dès que Mme Latchcombe eut quitté l'appartement du 221B Baker Street, toujours aussi renfrognée, Watson s'effara à haute voix du comportement de Holmes : il fallait être bien peu chevaleresque pour refuser d'aider une dame dans le malheur !

« Ah, rétorqua le détective, je serais le premier à tendre la main à une âme en réelle détresse, mais il me semble que rien chez « Mme Latchcombe » n'est très authentique. »

Watson réclamant des explications, Holmes les lui fournit. Comme le médecin l'avait compris à l'arrivée de cette insincère cliente, Mme Latchcombe fronçait perpétuellement les sourcils car, fort myope, elle était trop soucieuse de son apparence pour porter des lunettes en public. Raison pour laquelle elle prit Watson pour Holmes et dut tendre la main vers le fauteuil, à tâtons, avant de s'y asseoir.

Cette infirmité rendait invraisemblable le récit du cambriolage. Comment Mme Latchcombe, tout juste sortie de la salle de bain, les cheveux humides retombant sur son visage – sans lunettes, donc – avait-elle pu reconnaître le voleur qui se trouvait à plus de dix mètres d'elle ? Impossible. Elle aurait encore moins pu distinguer le collier de perles dans le poing du criminel traversant le jardin.

Ces mensonges remettaient en cause le reste de son histoire. Peut-être avait-elle réellement épousé un lieutenant de l'armée des Indes en permission, peut-être l'homme s'appelait-il Latchcombe – mais avaient-ils eu un enfant ? Cet Albert junior n'était-il pas une invention destinée à persuader le père volage de revenir au bercail ? Il était singulier qu'elle n'ait pas pensé à apporter à Holmes une photographie de cet enfant. Par ailleurs, quel pensionnat digne de ce nom ne renvoie pas les enfants chez eux début août ?

Non, hélas, rien dans le récit de cette dame, si morose, si solitaire, n'était bien solide. Peut-être avait-elle eu vent du retour de Latchcombe et avait-elle inventé le vol pour le contraindre à reprendre la vie conjugale ?

Et, naturellement, elle n'avait pas mis les pieds dans un commissariat. L'agent de police le plus stupide se serait douté, après une rapide enquête, de la fragilité de ses assertions. Comment avait-elle pu croire une seconde que Holmes tomberait dans le panneau ? Dieu seul le sait. Il avait vu clair dans le jeu de la dame sans quitter son fauteuil.

Une affaire de lacunes

Des années plus tard, alors que Watson avait invité son vieil ami à partager une bouteille de brandy et quelques réminiscences, Holmes se souvint de Minnie Dean et de la conversation étrange qu'elle avait eue avec Ernest Pottinger. Il en répéta les termes exacts à Watson – tels qu'il se souvenait de les avoir entendus.

« Mais, mon cher Holmes, s'écria le docteur, comment avez-vous pu ne pas comprendre ? C'était ni plus ni moins qu'un aveu de culpabilité – prononcé qui plus est à portée de vos oreilles !

– Que diable voulez-vous dire ? »

Watson alla chercher *Tess d'Urberville* dans sa bibliothèque et tendit le volume à Holmes.

« Mais il est bien trop tard pour vous rendre à Scotland Yard, je crois ? » déclara-t-il après avoir résumé l'intrigue du roman.

(Tess, l'héroïne du chef d'œuvre de Thomas Hardy, est pendue pour avoir tué un homme qui abuse d'elle depuis toujours. Elle est arrêtée à Stonehenge, d'où l'allusion d'Ernest au « final à Stonehenge » que n'aurait pas Minnie. L'amoureux de Tess se nomme Angel Clare – raison pour laquelle Minnie appelle Ernest « mon ange ». Enfin, « Je suis plus hardie que ce bon vieux Tom » est une plaisanterie sur le nom de Thomas Hardy.)

Holmes hocha la tête.

« D'ailleurs, Watson, même si cette jeune femme a poussé ce goujat dans le gouffre, c'est un juste retour des choses, lui qui n'a cessé de la vouloir à terre. »

Le Secret du chirurgien

En expliquant à Lord Frogmore les raisons pour lesquelles il ne devait pas s'inquiéter, Holmes lui fit deux aimables reproches. D'une part, il ne s'était pas assez intéressé aux Axelson avant de demander la main d'Agnes. Et d'autre part, il avait des idées bien peu progressistes pour un homme de son âge.

En ce XXe siècle débutant, la profession de chirurgien n'était plus réservée aux hommes – surtout aux États-Unis. Le nom d'Axelson avait rappelé au détective un article consacré à ce sujet. Mme Henrietta Axelson, expliquait l'auteur, appartenait à ce groupe de femmes – restreint, certes, mais significatif – qui avaient obtenu leur diplôme de chirurgie au New York Médical College of Surgery à la fin du siècle précédent. En d'autres termes, le chirurgien d'Agnes Axelson n'était autre que sa mère.

Que la jeune femme, bien sûr, aimerait toujours du fond du cœur, conclut Holmes avec un sourire, même lorsqu'elle aurait épousé son Edward, qu'elle chérissait tout autant.

L'Aventure de la bande de Highgate

Les autorités n'avaient pas évité le piège tendu par Yendle et avaient interprété les notations du carnet comme une liste de numéros de téléphone. Ils avaient donc lié PADDINGTON à 707 et ainsi de suite.

Holmes, lui, plus prudent, détermina, au vu du titre (« Accord »), qu'il s'agissait en fait d'un contrat déterminant la manière dont les gains des braquages allaient être répartis entre les membres de la bande. Les pourcentages indiqués au bas de chaque colonne lui donnèrent à penser qu'il fallait traiter lesdites colonnes séparément. Le nom qui se dissimulait dans la première colonne, celle des échangeurs téléphoniques, appartenait au bandit qui toucherait 30 %. Même chose pour la deuxième colonne, celle des numéros (15 %). La part la plus considérable (55 %) revenait logiquement au chef du gang, Yendle.

Il ne fut pas bien difficile de déchiffrer la colonne des échangeurs. En ne conservant que les initiales, on obtenait le nom HAMPDEN. Jimmy Hampden avait souvent travaillé avec Yendle. La police, qui le croyait enfui en Australie, finit par l'arrêter dans une cave de Hackney. Ce garçon, peu éduqué, avait pensé par erreur que ce code trop transparent suffirait à dissimuler son identité.

La colonne des chiffres fut plus coriace. Mais Holmes remarqua que les sommes de chaque numéro donnaient les résultats suivants : 23, 19, 20, 5, 20, 18 et 1. En utilisant le code le plus simple qui soit (A=1, B=2, etc.), il obtint une série de lettres – W, S, T, E, T, R, A – anagramme facile à résoudre. Le troisième homme de la bande s'appelait STEWART. La police se mit rapidement sur sa piste.

Ce Stewart – Charles Murray Stewart – était un ancien élève d'Eton qui avait procuré au gang des armes de contrebande en provenance d'Irlande. Ce bandit cultivé avait tenu à ce que son nom soit chiffré d'une manière plus subtile que la simple anagramme. Cela n'avait pas suffi toutefois à tromper Holmes. Stewart périt noyé lorsque son yacht, poursuivi par une navette de la police, se brisa sur les récifs qui entouraient le phare de Needles, au large de l'île de Wight.

Remerciements

Qu'Ellie Ross, Lucy Ross, Louise Dixon et George Maudsley, mon éditeur, reçoivent ici l'expression de mon immense gratitude pour l'aide et les conseils qu'ils m'ont prodigués pendant l'écriture du présent ouvrage.